Sekundarstufe

Friedhelm Heitmann

Einfach Biologie

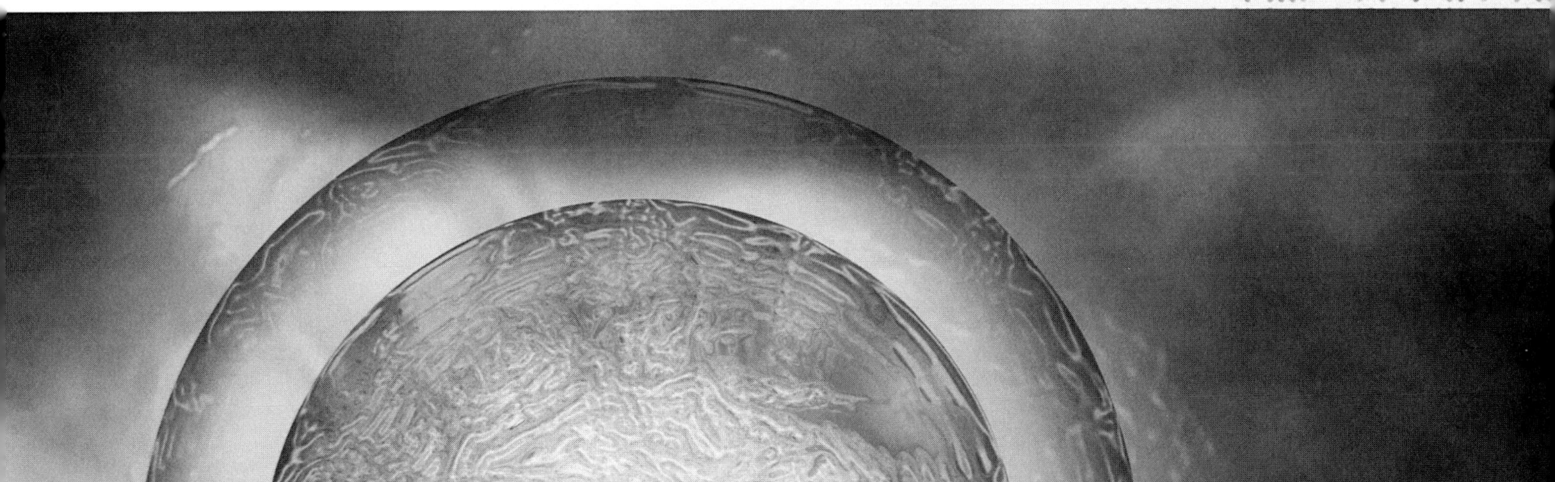

1

Elementares Wissen in einfacher Sprache leicht und verständlich erklärt

Einfach Biologie

Elementares Wissen leicht und verständlich erklärt (Band 1)

5. Auflage 2026

Inhalt: Friedhelm Heitmann
Umschlagbild: © Paulista - AdobeStock.com
(graphische Darstellung einer menschlichen Zelle)
Grafik & Satz: Kohl-Verlag
Redaktion: Kohl-Verlag
Druck: farbo prepress GmbH, Köln

Bestell-Nr. 12 177

ISBN: 978-3-96040-346-3

Kontakt: Kohl-Verlag, An der Brennerei 37-45, 50170 Kerpen
Tel: +49 2275 331610, Mail: info@kohlverlag.de

Unsere Lizenzmodelle

Der vorliegende Band ist eine Print-Einzellizenz

Sie wollen unsere Kopiervorlagen auch digital nutzen? Kein Problem – fast das gesamte KOHL-Sortiment ist auch sofort als PDF-Download erhältlich! Wir haben verschiedene Lizenzmodelle zur Auswahl:

	Print-Version	PDF-Einzellizenz	PDF-Schullizenz	Kombipaket Print & PDF-Einzellizenz	Kombipaket Print & PDF-Schullizenz
Unbefristete Nutzung der Materialien	x	x	x	x	x
Vervielfältigung, Weitergabe und Einsatz der Materialien im eigenen Unterricht	x	x	x	x	x
Nutzung der Materialien durch alle Lehrkräfte des Kollegiums an der lizensierten Schule			x		x
Einstellen des Materials im Intranet oder Schulserver der Institution			x		x

Die erweiterten Lizenzmodelle zu diesem Titel sind jederzeit im Online-Shop unter www.kohlverlag.de erhältlich.

Inhaltsverzeichnis

EINFACH BIOLOGIE
Elementares Wissen in einfacher Sprache leicht und verständlich erklärt (Band 1) – Bestell-Nr. 12 177
KOHL VERLAG

Vorwort

Liebe Kolleginnen, liege Kollegen,

zahlreiche, ja immer mehr Schülerinnen und Schüler haben große Schwierigkeiten, Texte in z.B. Schulbüchern zu verstehen. Das gilt insbesondere für lern- und leistungsschwächere Schülerinnen und Schüler. Von daher verfasste ich u.a. den vorliegenden Band. Dieser Band vermittelt und überprüft im Fachgebiet der Naturwissenschaften elementare biologische Kenntnisse.

Im Band werden sehr verkürzt die Themenbereiche Menschen, Tiere, Pflanzen sowie Pilze (Pilze werden nicht zu den Pflanzen gezählt) behandelt. Die im Band enthaltenen Texte sind kurz und in einfacher deutscher Sprache formuliert. Die Texte weisen fast nur Hauptsätze auf. Zum besseren Verständnis wird in den Sätzen weitgehend auf Passivkonstruktionen verzichtet. So manche der vorliegenden Materialien setzte ich des Öfteren im Unterricht mit lern-/leistungsschwächeren Schülerinnen sowie Schülern ein, außerdem im Unterricht bei in Deutschland erst vor relativ kurzer Zeit zugewanderten Heranwachsenden. Die Informations- und Arbeitsblätter bewährten sich. Sie trugen dazu bei, dass die Lernenden ihr biologisches Wissen und ihre deutschen Sprachkenntnisse verbesserten.

Die präsentierten Informations- und Arbeitsblätter können jederzeit durch andere adäquate Materialien ergänzt werden. Für Korrekturen und Verbesserungsvorschläge der in diesem Band dargebotenen Materialien bedanke ich mich im Voraus.

Viele Erfolge bei der Verwendung der vorliegenden Informations- und Arbeitsblätter wünscht das Team des Kohl-Verlages und

Friedhelm Heitmann

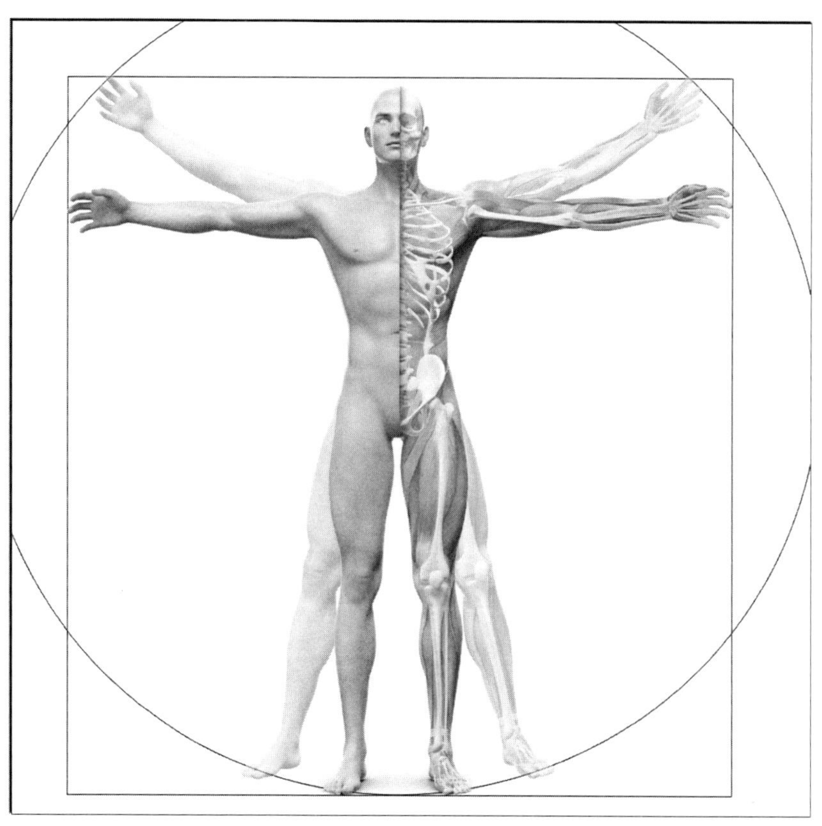

1 Naturwissenschaften

Übersicht

Aufgabe 1: *Setze die Begriffe aus dem Wörterkasten in den Lückentext ein.*

Biologie • Chemie • Geisteswissenschaften •
Lebewesen in der Natur • Menschen, Tiere und Pflanzen •
nicht lebendige Dinge in der Natur • Physik •
Sauerstoff, Stickstoff, Wasserstoff, Kohlenstoff, Schwefel, Uran •
Stoffe und ihre Veränderungen, Umwandlungen •
Wärme, Kälte, Kräfte, Energie, Schall, Magnetismus, Elektrizität

Zu den Naturwissenschaften in der Schule gehören die drei Fächer:

____________	____________	____________

In **Biologie** sprechen wir über ______________________________.

Es geht um ______________________________.

In **Chemie** sprechen wir über ______________________________.

Es geht um ______________________________ …

In **Physik** sprechen wir über ______________________________.

Es geht um ______________________________ …

Das Gegenteil zu den Naturwissenschaften sind die ______________________________.

Dazu gehören die Sprachen, Geschichte, Religion, Kunst, Musik …

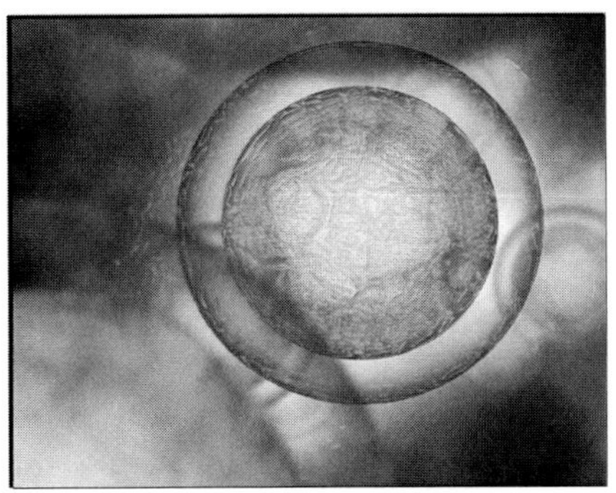

2 Menschen

Einführung

Pflanzen und Tiere gibt es auf der Erde sehr viel länger als Menschen. Von allen Lebewesen sind die Menschen aber am höchsten entwickelt. Die Menschen können u.a. sprechen, denken und schreiben. Der Mensch stammt nicht vom Affen ab. Beide haben sich jedoch aus gemeinsamen tierischen Vorgängen entwickelt. Die ersten Menschen lebten in Afrika.

Der Körper des Menschen setzt sich aus ganz vielen kleinen Zellen zusammen. Regelmäßig sterben diese Zellen ab. Dafür bilden sich stets neue Zellen. Beim Menschen bestehen über 60% des Körpers aus Wasser. Die Menschen können aufrecht auf zwei Beinen gehen und laufen.

EA

Aufgabe 1: *Richtig oder falsch? Welche der folgenden Sätze sind richtig? Welche Sätze sind falsch? Kreuze an.*

		Richtig	Falsch
1.	Auf der Erde kommen Menschen viel länger vor als Tiere.		
2.	Die Menschen sind die am höchsten entwickelten Lebewesen.		
3.	Die Menschen können weniger als andere Lebewesen.		
4.	Der Mensch stammt vom Affen ab.		
5.	Die ersten Menschen lebten in Afrika.		
6.	Aus sehr vielen kleinen Zellen besteht der Körper des Menschen.		
7.	Ständig sterben Zellen des Körpers ab und werden durch neue Zellen ersetzt.		
8.	Beim Menschen ist etwa die Hälfte des Körpers Wasser.		

EA

Aufgabe 2: *Verbessere nun die falschen Sätze.*

EA

Aufgabe 3: *Was weißt du sonst noch über den Menschen? Schreibe es auf.*

KOHL VERLAG
EINFACH BIOLOGIE
Elementares Wissen in einfacher Sprache leicht und verständlich erklärt (Band 1) – Bestell-Nr. 12 177

Körperteile des Menschen

EA

Aufgabe 1: *Wer macht was? Setze die folgenden Namen der Körperteile im anschließenden Text an der richtigen Stelle ein.*

Blut • Gehirn • Haut • Herz • Leber • Lunge • Magen • Nerven • Nieren • Skelett

a) Das ________________ stützt und schützt den Körper.

b) Das ________________ denkt und lenkt den Menschen.

c) Die ________________ geben Informationen weiter.

d) Das ________________ pumpt Blut durch die Adern.

e) Das ________________ transportiert Nährstoffe und Sauerstoff.

f) Die ________________ nimmt Sauerstoff auf.

g) Der ________________ macht das Essen noch kleiner.

h) Die ________________ produziert Saft für den Magen.

i) Die ________________ reinigen das Blut.

j) Die ________________ fühlt Schmerzen und Temperaturen.

EA

Aufgabe 2: *Wie heißen die Organe?*

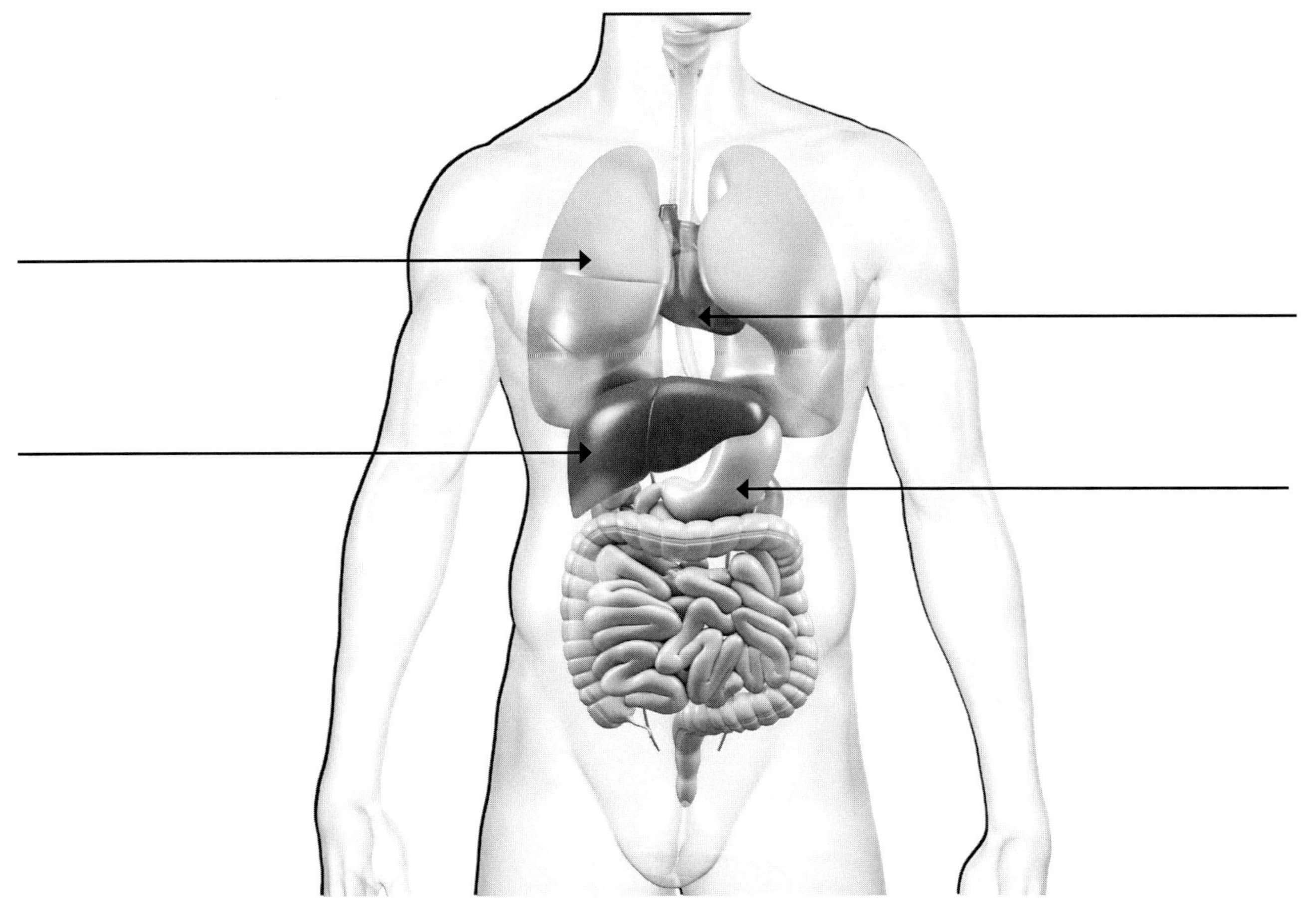

KOHL VERLAG
EINFACH BIOLOGIE
Elementares Wissen in einfacher Sprache leicht und verständlich erklärt (Band 1) – Bestell-Nr. 12 177

2 # Menschen

Das Skelett

Es besteht aus sehr vielen Knochen. Erwachsene Menschen haben über 200 Knochen. Babys sogar über 300 Knochen. Bei Babys sind zahlreiche Knochen noch nicht zusammengewachsen.

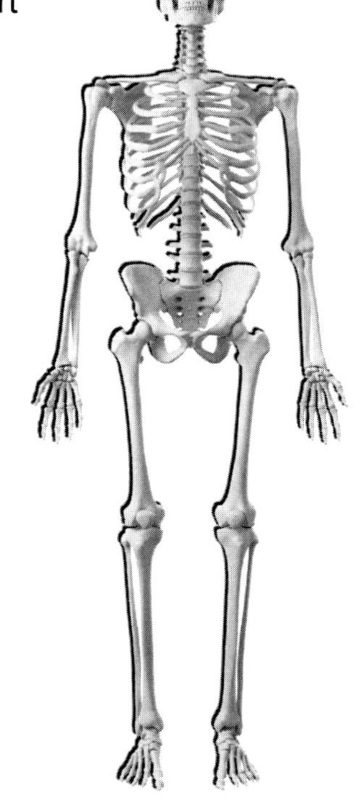

Das Skelett gibt dem Körper Halt und Schutz. Zum Skelett gehört auch die Wirbelsäule. Dadurch können die Menschen aufrecht sitzen, stehen, gehen, laufen usw. Zur Bewegung sind die Knochen durch Gelenke miteinander verbunden. Es gibt u.a. die Kniegelenke, die Ellenbogengelenke, die Fingergelenke.

Insgesamt besitzt der Mensch über 100 Gelenke. Bänder geben den Gelenken Halt. Muskeln bewegen die Knochen. Sehnen verbinden Muskeln und Knochen. Der Mensch hat etwa 650 Muskeln. Das Skelett heißt auch das Knochengerüst.

EA

Aufgabe 1: *Führe die Sätze sinnvoll zu Ende. Nutze die Informationen im Text.*

a) Das Skelett setzt sich zusammen aus ______________________________.

b) Erwachene Menschen besitzen ______________________________.

c) Babys haben mehr als ______________________________.

d) Durch das Skelett bekommt der Körper ______________________________.

e) Die Wirbelsäule ______________________________.

f) Gelenke verbinden ______________________________.

g) Zu den Gelenken gehören ______________________________.

h) Über 100 Gelenke hat ______________________________.

i) Bänder geben den Gelenken ____________, Sehnen verbinden ____________.

j) Ungefähr 650 Muskeln besitzt ______________________________.

k) Die Muskeln bewegen ______________________________.

l) Ein anderes Wort für das Skelett ist ______________________________.

EINFACH BIOLOGIE
Elementares Wissen in einfacher Sprache leicht und verständlich erklärt (Band 1) – Bestell-Nr. 12 177
KOHL VERLAG

Die Sinnesorgane

EA

Aufgabe 1: *Trage die fehlenden Wörter ein.*

a) Die ___________________________ sind sehr wichtig für den Menschen.

b) Die ________, die ________, die ________, die ________ und die _______ sind die fünf Sinnesorgane.

c) Die Augen _____________.

d) Die Ohren _____________.

e) Die Nase ______________.

f) Die Zunge _______________.

g) Die Haut _______________.

h) Die Sinnesorgane merken Dinge (___ eize) in der Umgebung.

i) In den Sinnesorganen befinden sich kleine ____inneszellen.

j) Die Sinnesorgane leiten durch die Nerven Informationen an das ___ehirn.

EA

Aufgabe 2: *Welches Sinnesorgan ist jeweils dargestellt?*

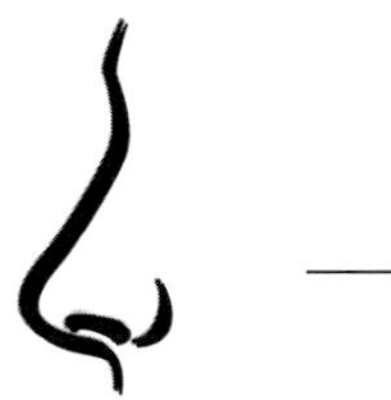
____

____

____

____

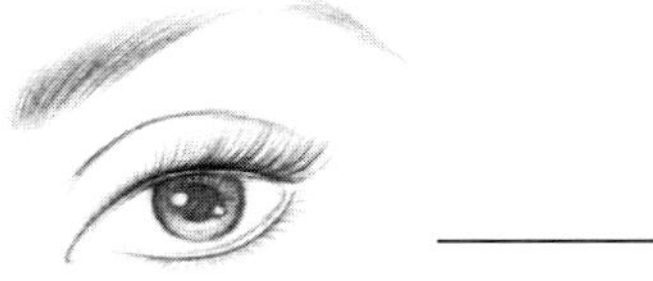
____

EINFACH BIOLOGIE
Elementares Wissen in einfacher Sprache leicht und verständlich erklärt (Band 1) – Bestell-Nr. 12 177

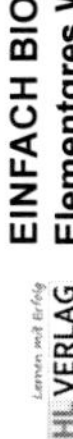

2 Menschen

Die Sinnesorgane - Nase

<u>Aufgabe 1</u>: *Setze die folgenden 10 Begriffe in die Sätze ein.*

Gerüche • Haare • Haut • Luft • Nase • Nasenhöhle • Nerven • Riechen • Riechzellen • Schleimhaut

a) Die Menschen benutzen die Nase zum Atmen und ________________.

b) Die ______________ im Inneren der Nase ist schleimig (= Schleimhaut).

c) Zwischen der Schleimhaut befinden sich kleine ______________ (= Härchen).

d) Die Schleimhaut und die Härchen säubern die eingeatmete ____________ und feuchten sie an.

e) Auch wärmt die ______________ die eingeatmete Luft vor.

f) Im oberen Teil der ____________________ liegt das Riechfeld (= Geruchsfeld).

g) Das Riechfeld besitzt ebenfalls eine ______________________.

h) Im Riechfeld gibt es sehr viele winzige ______________________.

i) Diese erfassen die Gerüche und melden sie durch _____________ dem Gehirn.

j) Zahlreiche Menschen sollen bis zu ca. 4000 ________________ unterscheiden können.

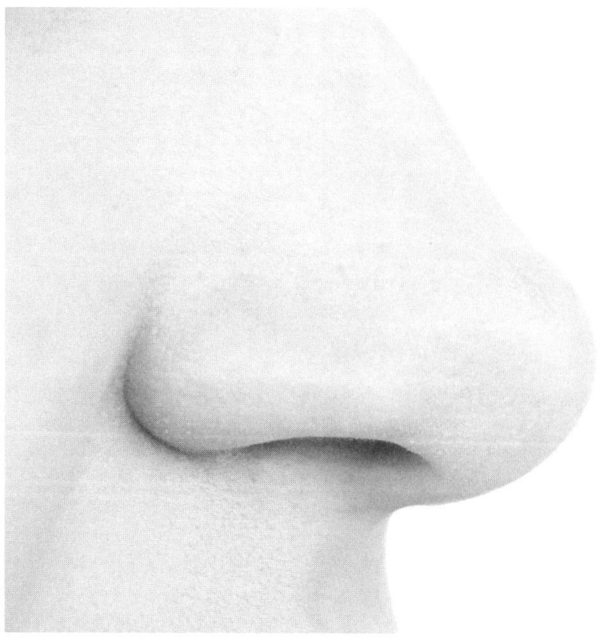

EINFACH BIOLOGIE
Elementares Wissen in einfacher Sprache leicht und verständlich erklärt (Band 1) – Bestell-Nr. 12 177
KOHL VERLAG

2 Menschen

Die Sinnesorgane - Zunge

befindet sich auf dem Boden der Mundhöhle

auf der Zunge gibt es Geschmacksfelder

Geschmacksfelder (= Geschmacksrichtungen): bitter, salzig, süß, sauer ...

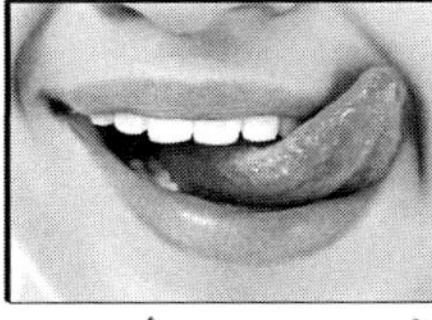

ist leicht beweglich durch Muskeln

Riechzellen der Nase und Geschmackszellen der Zunge wirken zusammen = Riechen und Schmecken ergänzen sich

ist überzogen von einer Schleimhaut

benutzt man zum Schmecken, Essen, Trinken, Sprechen ...

Menschen unterscheiden sich im Empfinden von Geschmack

EA

Aufgabe 1: *Schreibe mit Hilfe der oben genannten Aussagen einen eigenen, zusammenhängenden Text in vollständigen Sätzen.*

KOHL VERLAG
EINFACH BIOLOGIE
Elementares Wissen in einfacher Sprache leicht und verständlich erklärt (Band 1) – Bestell-Nr. 12 177

Die Sinnesorgane - Auge

EA

Aufgabe 1: *Bringe die folgenden 10 Sätze des Textes in die richtige logische Reihenfolge und schreibe sie richtig hintereinander auf.*

__	Die Nervenreize gelangen durch den Sehnerv in das Gehirn.	**(a)**
__	Lichtstrahlen fallen durch die Pupille (= Sehloch) auf die Linse.	**(b)**
__	Der gesamte Vorgang geschieht unglaublich schnell.	**(c)**
__	Das Auge arbeitet wie eine Fotokamera.	**(d)**
__	Vor allem die Linse sorgt für ein scharfes Bild.	**(e)**
__	Im Gehirn entsteht das endgültige Bild.	**(f)**
__	An verschiedenen Entfernungen kann sich die Linse anpassen.	**(g)**
__	Auf der Netzhaut befinden sich sehr viele kleine Sehzellen (= Netzhautzellen).	**(h)**
__	Die Linse wirft das scharfe Bild auf die Netzhaut im hinteren Teil des Auges.	**(i)**
__	Diese wandeln die Reize des Lichtes in Nervenreize um.	**(j)**

EA

Aufgabe 2: *Im Bild siehst du, dass es im Auge einen blinden Fleck gibt (Pfeil). Wie ist es möglich, dass es eine „blinde“ Zone im Auge gibt?*

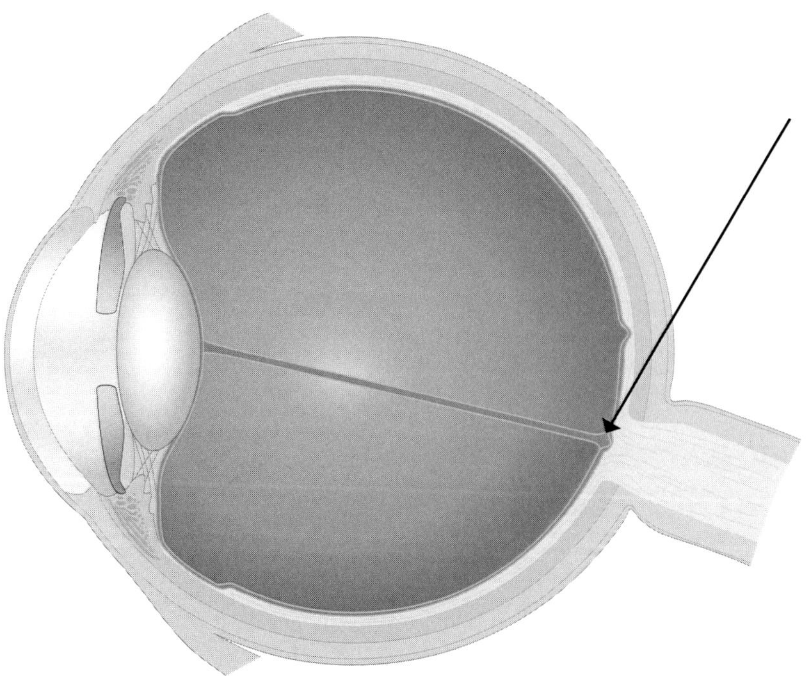

Die Sinnesorgane - Ohr

EA

Aufgabe 1: *Verbinde die Fragen mit den passenden Antworten.*

Frage:	Antwort:
a) In welche Bereiche lässt sich das Ohr unterteilen?	1 äußeres Ohr (Ohrmuschel, Gehörgang), Mittelohr (Paukenhöhle mit 3 Gehörknöchelchen), Innenohr (Labyrinth)
b) Was macht das äußere Ohr?	2 Sie übertragen Schwingungen auf das Innenohr.
c) Was macht das Trommelfell?	3 Es fängt Schallschwingungen auf und lenkt sie auf die drei Gehörknöchelchen.
d) Was machen die drei Gehörknöchelchen?	4 Sie gibt Druckschwankungen weiter an das Innenohr.
e) Wozu dient die Flüssigkeit im Innenohr?	5 Sie senden Reize durch die Nerven an das Gehirn.
f) Was vollbringen die Sinneszellen?	6 Es fängt Schallwellen auf und leitet sie auf das Trommelfell.

LÖSUNG: **a) =** ____ **b) =** ____ **c) =** ____ **d) =** ____ **e) =** ____ **f) =** ____

EA

Aufgabe 2: *Schreibe auf, was du sonst noch über das Ohr weißt. Vergleiche mit deinen Mitschülern.*

____

____

____

____

____

____

____

____

KOHL VERLAG EINFACH BIOLOGIE Elementares Wissen in einfacher Sprache leicht und verständlich erklärt (Band 1) – Bestell-Nr. 12 177

Die Sinnesorgane - Haut

EA

Aufgabe 1: *Im Text haben sich 10 inhaltliche Fehler eingeschlichen. Finde die falschen Angaben, unterstreiche sie und verbessere anschließend den Text mit den richtigen Angaben.*

Das kleinste Sinnesorgan ist die Haut. Sie spürt unter anderem Kälte, Wärme, Druck, Schmerzen und Gerüche. In der Haut sind einige wenige Sinneszellen vorhanden, sie reagieren auf Kälte, Wärme und Druck. Nur aus einer Schicht besteht die Haut. An den Fußsohlen ist die Haut verhältnismäßig dünn. Die sehr kleinen Öffnungen der Haut nennt man Pigmente. Durch Schweiß sorgt die Haut für Erwärmung. Bei Kälte vergrößern sich die Blutgefäße in der Haut. Die (dunkelbraunen) Farbstellen der Haut heißen Poren. Die Menschen brauchen ihre Haut nicht zu pflegen.

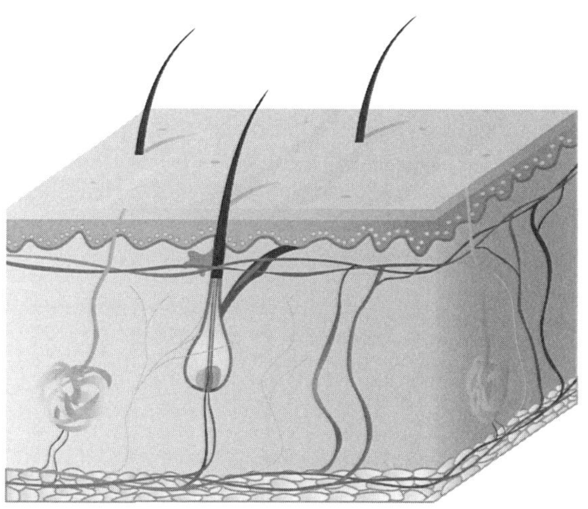

EA

Aufgabe 2: *Welches Sinnesorgan merkt was? Trage ein.*

	Wahrnehmung	Sinnesorgan
1	Es ist kalt.	
2	Die Blumen duften.	
3	Einige Vögel zwitschern.	
4	Am Himmel blitzt es.	
5	Jemand klopft an der Tür.	
6	Der Kaffee ist zu süß.	
7	Die Wunde schmerzt.	
8	Das ist ein ekliger Geruch.	
9	Hell leuchtet der Mond.	
10	Das Essen hat einen salzigen Geschmack.	

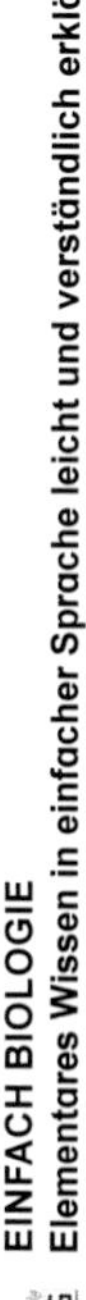
EINFACH BIOLOGIE
Elementares Wissen in einfacher Sprache leicht und verständlich erklärt (Band 1) – Bestell-Nr. 12 177
KOHL VERLAG

Die Verdauung

Mit dem Wort Verdauung ist gemeint, der Körper verarbeitet das Essen (= Nahrung) zu Nährstoffen. Schon im Mund beginnt die Verdauung.

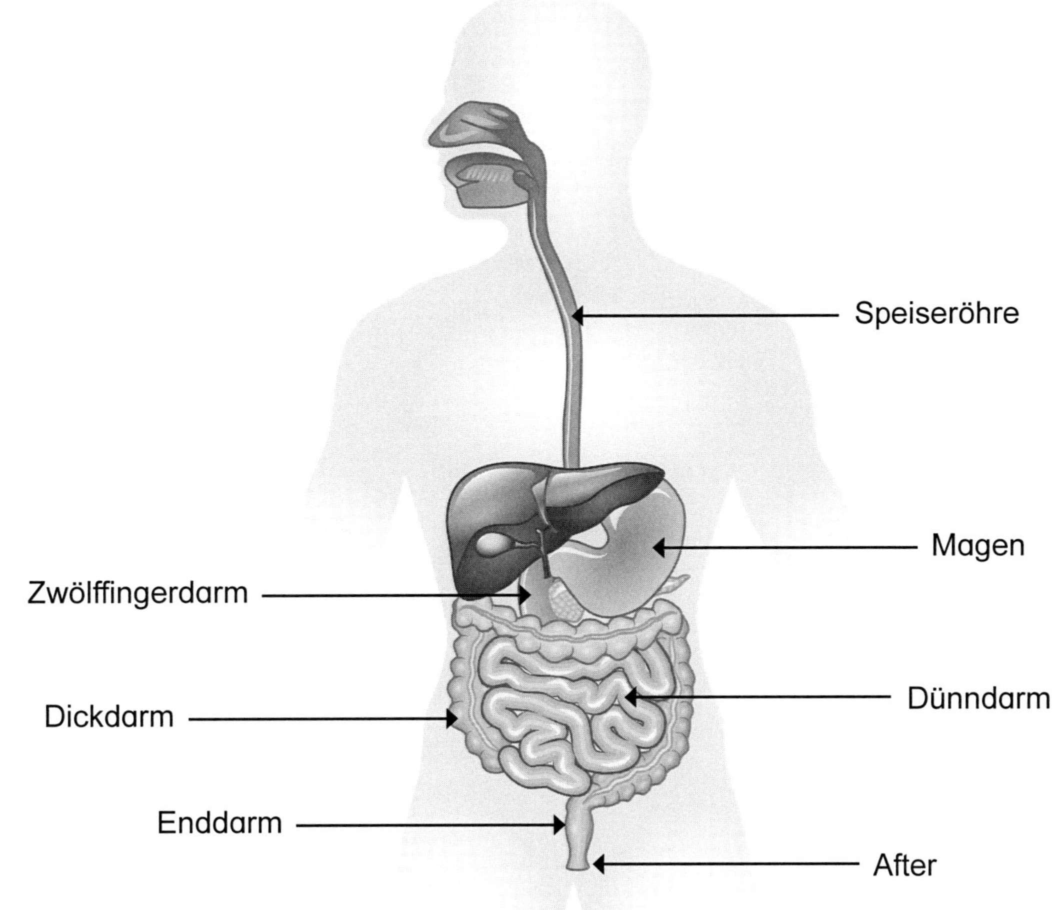

EA

Aufgabe 1: *Bringe die folgenden Sätze in die richtige Reihenfolge. Schreibe vor jedem Satz die richtige Zahl auf (Zahlen 1 – 10).*

☐ Dann geht das Essen in den Rachen.
☐ Der Magen verarbeitet das Essen noch weiter.
☐ Die Zähne und die Zunge machen das Essen kleiner.
☐ Zuerst kommt das Essen in den Mund.
☐ Danach erreicht das Essen die Speiseröhre.
☐ Der After drückt den Kot aus dem Körper heraus.
☐ Jetzt ist das Essen im Zwölffingerdarm.
☐ Im Dickdarm verliert der Rest des Essens Wasser.
☐ Im Dünndarm nimmt das Blut die Nährstoffe auf.
☐ Der Rest des Essens kommt im Enddarm an.

EA

Aufgabe 2: *Schreibe alle zehn Sätze in der richtigen Reihenfolge vollständig auf!*

Menschen

Test 1 **Name** ______________________

Menschen (I)

EA

Aufgabe: *Setze in den folgenden Sätzen die fehlenden Wörter ein.*

1. Von allen Lebewesen sind die Menschen am ____________________ entwickelt.
2. Menschen und Affen entwickelten sich aus gemeinsamen tierischen ______________________________.
3. Die ersten Menschen lebten in __________________________.
4. Der Körper des Menschen hat ganz viele sehr kleine ____________________.
5. Mehr als 60 % des menschlichen Körpers bestehen aus _________________.
6. Das Skelett stützt und ____________________ den Körper.
7. Das Herz ________________________ Blut durch die Adern.
8. Die Lunge nimmt _________________________ auf.
9. Das Blut ________________________________ Nährstoffe und Sauerstoff.
10. Die Nieren ___________________________ das Blut.
11. Über 200 ________________________ hat der erwachsene Mensch.
12. Die ____________________________ hält den Körper des Menschen aufrecht.
13. Auch besitzt der Mensch mehr als 100 _______________________.
14. Etwa 650 ______________________ befinden sich im Körper des Menschen.
15. Ein anderes Wort für das Skelett heißt das __________________________.
16. Der Mensch hat _______________ Sinnesorgane.
17. Mit den ____________________ sieht der Mensch.
18. Die Nase ___________________.
19. Die Ohren ___________________.
20. Die Zunge ___________________.
21. Die Haut ______________________.
22. Die Verdauung beginnt im ___________________.
23. Von der Speiseröhre kommt das Essen in den ____________________.
24. Im ________________________ nimmt das Blut die Nährstoffe auf.
25. Der After drückt den __________________ aus dem Körper heraus.

KOHL VERLAG EINFACH BIOLOGIE Elementares Wissen in einfacher Sprache leicht und verständlich erklärt (Band 1) – Bestell-Nr. 12 177

Test 2 **Name** ____________________

Menschen (I)

EA

Aufgabe: *Schreibe auf: Was kannst du sagen über ...*

1. ... die menschlichen Körperteile?

2. ... das menschliche Skelett?

3. ... die menschlichen Sinnesorgane?

4. ... die menschliche Verdauung?

KOHL VERLAG EINFACH BIOLOGIE Elementares Wissen in einfacher Sprache leicht und verständlich erklärt (Band 1) – Bestell-Nr. 12 177

Die Atmung

Atmung bedeutet Luft aufnehmen (= einatmen) und abgeben (= ausatmen). Die Luft setzt sich zusammen aus etwa 78% Stickstoff, 21% Sauerstoff und 1% sonstige Stoffe. Beim Einatmen nimmt der Körper des Menschen ca. 21% Sauerstoff auf. Beim Ausatmen gibt der Körper 16 - 17% Sauerstoff ab. Also verbraucht der Körper 4 - 5% Sauerstoff. Der Sauerstoff ist im Menschen nötig zum Gewinn von Energie.

Im Körper bildet sich Kohlenstoffdioxid. Das Kohlenstoffdioxid ist auf Dauer schädlich für den Menschen. Deshalb atmet der Mensch das Kohlenstoffdioxid (knapp über 4% der ausgeatmeten Luft) aus.

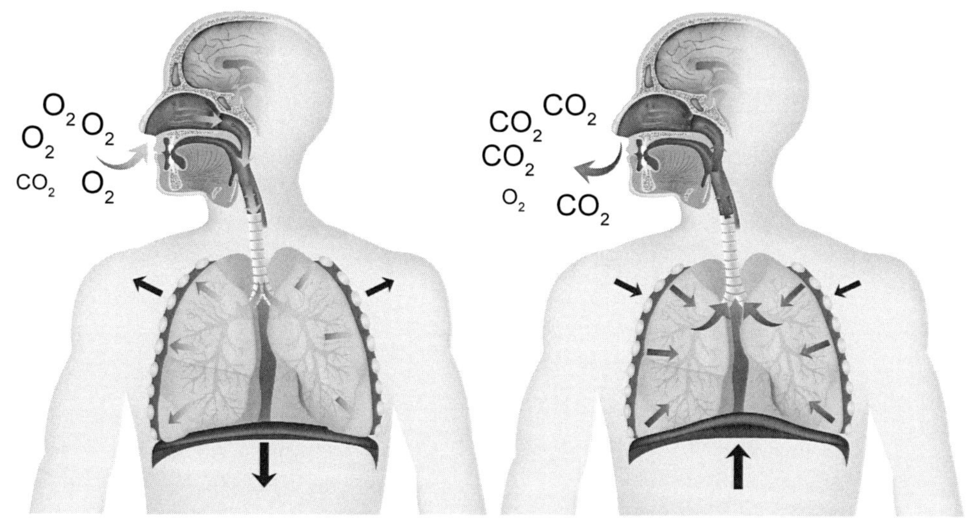

EA **Aufgabe 1**: *Beschreibe, was du in dem Bild sehen kannst. Nutze die Informationen im Text und erkläre die Bedeutung der Atmung.*

____

____

____

____

EA **Aufgabe 2**: *Woher stammt der Sauerstoff aus der Umgebung. Wohin geht unser ausgeatmetes Kohlenstoffdioxid? Warum spricht man hier von einem Kreislauf?*

____

____

____

____

KOHL VERLAG EINFACH BIOLOGIE Elementares Wissen in einfacher Sprache leicht und verständlich erklärt (Band 1) – Bestell-Nr. 12 177

Die Atmung - Der Weg der Luft beim Atmen

Von der Lunge aus bringt das Blut den Sauerstoff im Körper überallhin.

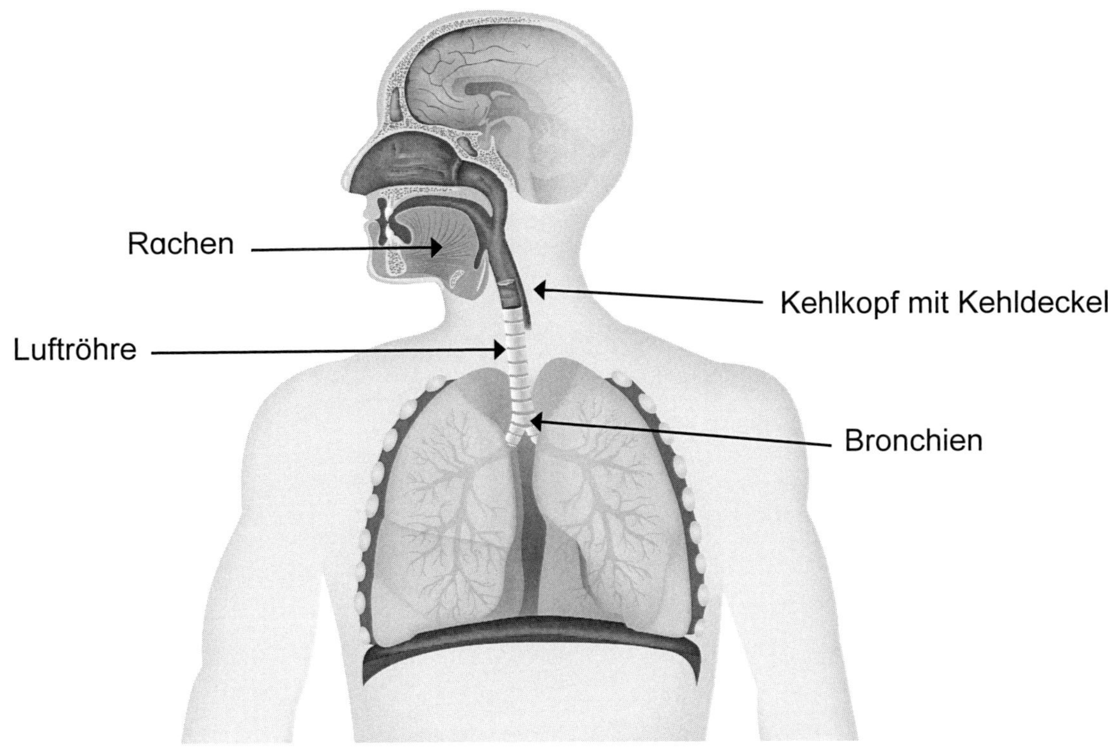

EA

Aufgabe 1: *Beschreibe den Weg der Luft beim Einatmen! Betrachte das Schaubild und fülle die Lücken mit den passenden Begriffen aus.*

a) Zuerst atmet der Mensch durch die Nase oder den ________ Luft ein.

b) Dann kommt die Luft in den ___________________ und passiert den ______________________.

c) Danach gelangt die Luft in den _________________.

d) Anschließend strömt die Luft durch die ___________________. Das ist ein Schlauch, der sich kurz vor der Lunge aufgabelt.

e) Darauf geht die Luft in die __________. Dieses Organ setzt sich aus einer Vielzahl kleinster Bläschen zusammen. Das Organ besteht aus zwei Flügeln, die den Großteil des Brustkorbes ausfüllen.

f) Schließlich nimmt das Blut in der Lunge den _____________________ aus der Luft auf und verteilt ihn im Körper.

EA

Aufgabe 2: *Warum ist es besser durch die Nase zu atmen?*

____

____

____

____

EINFACH BIOLOGIE
Elementares Wissen in einfacher Sprache leicht und verständlich erklärt (Band 1) – Bestell-Nr. 12 177

Das Blut

Der Mensch hat etwa fünf bis sieben Liter Blut. Das Blut fließt in Adern. Wie eine Pumpe pumpt das Herz Blut durch den Körper. Die Arterien bringen das Blut vom Herz weg. Die Venen transportieren das Blut zum Herz zurück. In den Arterien ist mehr Sauerstoff als in den Venen. Das Blut verteilt Sauerstoff, Nährstoffe und andere Stoffe im Menschen. Der kleine Blutkreislauf verläuft zwischen der Lunge und dem Herz. Der große Blutkreislauf geht durch den ganzen Körper.

Es gibt vier verschiedene Blutgruppen der Menschen: A, B, AB und O (= Null). Jeder Mensch besitzt eine dieser vier Blutgruppen.

Strömungsrichtung des Blutes

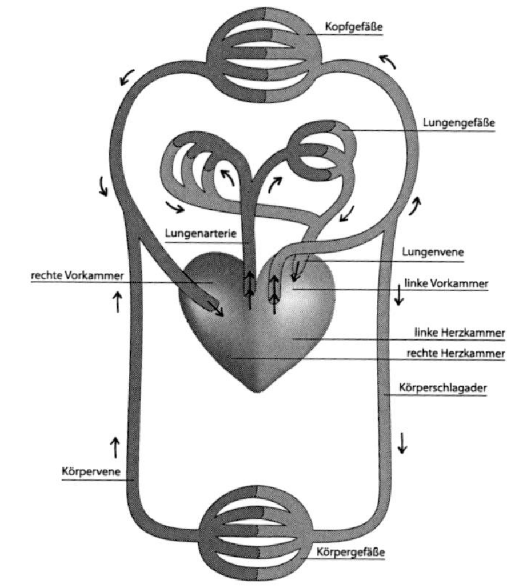

EA

Aufgabe 1: *Beantworte nun die Fragen in ganzen Sätzen.*

a) Wie viel Blut hat der Mensch?

____

b) Worin fließt das Blut?

____

c) Mit welcher Art von Maschine ist die Arbeitsweise des Herzens vergleichbar?

____

d) Was machen die Arterien?

____

e) Was tun die Venen?

____

f) Arterien oder Venen? Worin ist mehr Sauerstoff?

____

g) Was trägt das Blut durch den Körper?

____

h) Wozwischen verläuft der kleine Blutkreislauf?

____

i) Wo verläuft der große Blutkreislauf?

____

j) Wie heißen die vier Blutgruppen der Menschen?

____

k) Welche Blutgruppe besitzt du?

____

KOHL VERLAG EINFACH BIOLOGIE Elementares Wissen in einfacher Sprache leicht und verständlich erklärt (Band 1) – Bestell-Nr. 12 177

Die Entstehung von Babys

Babys entstehen durch den Geschlechtsverkehr eines Mannes mit einer Frau.

Der Ablauf:

1. Der steife Penis (= Glied) kommt in die Vagina (= Scheide).
2. Aus dem Penis fließen Samenzellen (= Spermien) in die Vagina.
3. Eine Samenzelle vereinigt sich mit der Eizelle zu einer Zygote.
4. Die befruchtete Eizelle wandert in die Gebärmutter.
5. Nun ist die Frau schwanger.
6. Aus der Zygote wird in der Fruchtblase der Gebärmutter ein Embryo.
7. Nach ca. drei Monaten Schwangerschaft wird aus dem Embryo ein Fötus.
8. Auch der Fötus wächst immer mehr.
9. Etwa nach neun Monaten Schwangerschaft zieht sich die Gebärmutter zusammen (= Wehen).
10. Dadurch bekommt die Frau Schmerzen.
11. Die Wehen drücken das Baby durch die Vagina aus dem Körper der Mutter.
12. Das Baby ist geboren.

Aufgabe 1: *Trage die folgenden Begriffe aus dem Kasten an der richtigen Stelle ein.*

Prostata • Eileiter • Gebärmutter mit Fruchtblase • Penis • Vagina (= Scheide) • Hoden • Samenleiter • Eierstöcke mit Eizellen

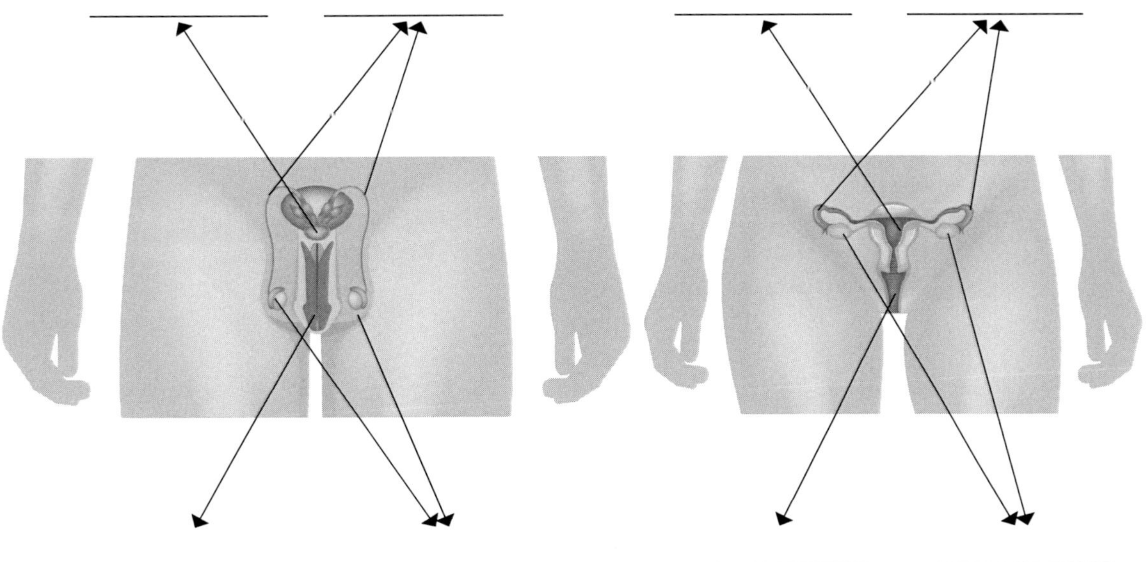

Die Entstehung von Babys

Aufgabe 2: *Welche Antwort stimmt? Kreuze an. Die Buchstaben der richtigen Antworten ergeben dir das Lösungswort.*

a) Wodurch können Babys entstehen?

[S] Durch ungeschützten Geschlechtsverkehr können Babys entstehen.
[P] Durch geschützten Geschlechtsverkehr können Babys entstehen.

b) Was passiert beim Geschlechtsverkehr?

[P] Der steife Penis gelangt in die Vagina und gibt dort Samenzellen ab.
[R] Der steife Penis gelangt in die Vagina und gibt dort Eizellen ab.

c) Wie heißt ein anderes Wort für Penis und Vagina?

[O] Hammer und Sichel
[E] Glied und Scheide

d) Wo wird die Eizelle befruchtet und wohin wandert sie?

[S] Die Befruchtung findet im Samenleiter statt, danach wandert sie zur Vagina.
[R] Die Befruchtung findet im Eileiter statt, danach wandert sie zur Gebärmutter.

e) Wo(rin) wächst das werdende Baby heran?

[M] Das werdende Baby wächst in der Fruchtblase der Gebärmutter heran.
[T] Das werdende Baby wächst in der Samenblase der Hoden heran.

f) Wie lange ist eine Frau für gewöhnlich schwanger?

[I] Sie ist ca. 9 Monate schwanger.
[A] Sie ist ca. 12 Monate schwanger.

g) Was ist mit dem Wort Wehen gemeint?

[E] Die Gebärmutter zieht sich zusammen, die Geburt steht unmittelbar bevor.
[T] Die Vagina zieht sich zusammen, die Frau wird schwanger.

h) Bringe die Wörter in die richtige zeitliche Reihenfolge:
Fötus – Baby – Zygote – Embryo

[N] Zygote, Embryo, Fötus, Baby
[A] Zygote, Fötus, Embryo, Baby

LÖSUNGSWORT: _ _ _ _ _ _ _ _

EINFACH BIOLOGIE
Elementares Wissen in einfacher Sprache leicht und verständlich erklärt (Band 1) – Bestell-Nr. 12 177
KOHL VERLAG

2

Menschen

Gesundheit

Aufgabe 1: *Die Menschen sollten ein gesundes Leben führen. Machst du das? Suche noch zwei weitere Tätigkeiten und trage sie ein.*

		ja	nein
1	täglich den Körper pflegen (waschen, Zähne putzen)		
2	regelmäßig und mäßig essen		
3	genug trinken (Mineralwasser, Säfte …)		
4	genügend schlafen		
5	sich in der frischen Luft aufhalten, nicht (zu) lange vor dem Fernseher oder Computer sitzen …		
6	sich körperlich bewegen (z.B. schwimmen, laufen …)		
7	vom Stress entspannen (z.B. Musik hören)		
8	ein normales Körpergewicht einhalten (kein Übergewicht)		
9	keinen Alkohol trinken, nicht rauchen, keine Drogen nehmen		
10	Krankheiten und Verletzungen auskurieren, zum Arzt gehen		
11			
12			

Die Ernährungspyramide

Aufgabe 2: *Trage diese Wörter in die Ernährungspyramide im richtigen Feld ein:*

Alkoholfreie Getränke • Eier • Fette und Öle • Fisch • Fleisch • Getreideprodukte • Kartoffeln • Milch und Milchprodukte • Obst und Gemüse • Süßigkeiten • Zucker

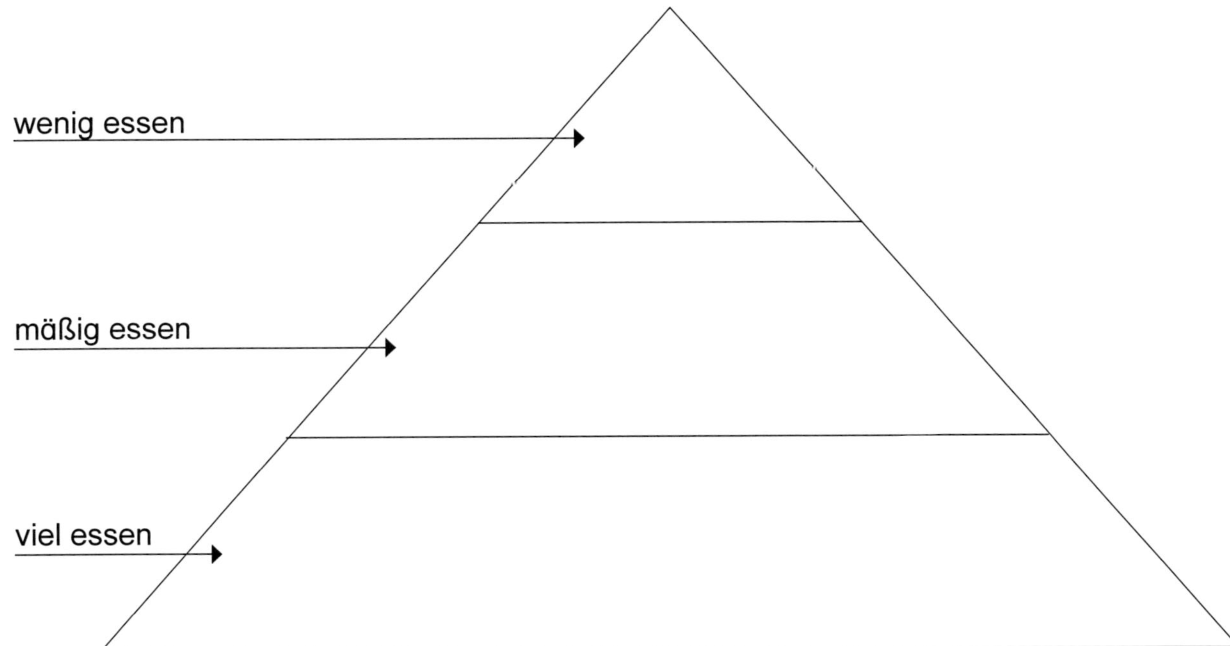

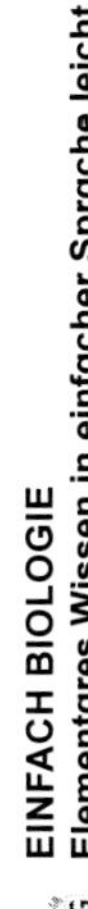

EINFACH BIOLOGIE
Elementares Wissen in einfacher Sprache leicht und verständlich erklärt (Band 1) – Bestell-Nr. 12 177

Test 3 **Name** ______________________

Menschen (I)

Aufgabe: *Setze in den folgenden Sätzen die fehlenden Wörter ein.*

1. Atmung heißt ________ aufnehmen (= einatmen) und abgeben (= ausatmen)
2. Die Luft besteht zu etwa 78% aus Stickstoff und zu 21% aus ________________.
3. Beim Einatmen kommt die Luft zuerst in den Mund oder in die ________.
4. Durch die Luftröhre und die Bronchien gelangt die Luft in die __________.
5. In der Lunge geht der Sauerstoff in das ______________.
6. Der Mensch atmet u.a. das für ihn schädliche ________________________ aus.
7. Ungefähr fünf bis sieben ______________ Blut hat der erwachsene Mensch.
8. In den ______________ fließt das Blut vom Herz weg.
9. In den _______________ kommt das Blut zum Herz zurück.
10. Der kleine Blutkreislauf verläuft zwischen der Lunge und dem _____________.
11. Der große Blutkreislauf erstreckt sich durch den ganzen ________________.
12. Die vier verschiedenen Blutgruppen heißen A, B, AB und ______________.
13. Durch den ungeschützten Geschlechtsverkehr können _________ entstehen.
14. Dabei kommt der Penis (= Glied) des Mannes in die _____________ (= Scheide) der Frau.
15. Eine Eizelle verbindet sich mit einer __________________.
16. Die ____________________ einer weiblichen Person dauert ca. 9 Monate.
17. Ein werdendes Baby wächst in einer Fruchtblase in der _______________ heran.
18. Die _________ leiten die Geburt ein. Die Frau hat dabei starke Schmerzen.
19. Die Menschen sollten mäßig und __________________ essen.
20. Du solltest täglich genügend ____________________ trinken.
21. Körperliche Bewegung (Sport ...) ist gut für die __________________.
22. Alkohol, Zigaretten und andere ___________ schaden der Gesundheit.
23. Auch das Essen von zu viel Zucker und _______ ist schädlich für die Menschen.
24. Dagegen ist es gesund, viel Gemüse und _______ zu essen.
25. Stress kann _________ machen.

KOHL VERLAG EINFACH BIOLOGIE Elementares Wissen in einfacher Sprache leicht und verständlich erklärt (Band 1) – Bestell-Nr. 12 177

Test 4 **Name** ______________________

Menschen (I)

Aufgabe: *Schreibe auf: Was kannst du sagen über ...*

1. ... die menschliche Atmung?
2. ... das menschliche Blut?
3. ... die Entstehung von Babys?
4. ... die menschliche Gesundheit?

KOHL VERLAG EINFACH BIOLOGIE
Elementares Wissen in einfacher Sprache leicht und verständlich erklärt (Band 1) – Bestell-Nr. 12 177

3 Tiere

Überblick

EA

Aufgabe 1: *Welcher Satzanfang gehört zu welchem Satzende? Verbinde mit einem Pfeil. Wenn du nun die Buchstaben in der verbundenen Reihenfolge unten einträgst, dann erfährst du den Namen eine bestimmten Art von Echsen. Eine solche Echse ist auf dem Foto zu sehen.*

	Satzanfänge
S	Tiere gehören zu ...
A	Es gab Tiere viel ...
H	Einige Tiere werden sehr ...
L	Andere Tiere sterben schon ...
C	Man unterscheidet Wirbeltiere ...
W	Der Elefant z.B. ist ...
N	Die Biene ist ...
W	Die allermeisten Tiere ...
R	Du kannst die Wirbeltiere in fünf ...
N	Diese heißen Säugetiere, Vögel, ...

	Satzenden
E	... alt (z.B. große Schildkröten).
H	... und wirbellose Tiere.
Z	... ein wirbelloses Tier.
E	... Kriechtiere, Lurche und Fische.
C	... früher als Menschen.
S	... sehr schnell (z.B. Fliegen).
T	... den Lebewesen.
A	... Klassen trennen.
A	... sind wirbellose Tiere.
A	... ein Wirbeltier.

LÖSUNGSWORT: __

EA

Aufgabe 2: *Schreibe nun die 10 Sätze in der richtigen Reihenfolge auf!*

1. Tiere ______________________________.
2. Es ______________________________.
3. Einige ______________________________.
4. Andere ______________________________.
5. Man ______________________________.
6. Der ______________________________.
7. Die ______________________________.
8. Die ______________________________.
9. Du ______________________________.
10. Diese ______________________________.

EINFACH BIOLOGIE
Elementares Wissen in einfacher Sprache leicht und verständlich erklärt (Band 1) – Bestell-Nr. 12 177
KOHL VERLAG

Welches Tier lebt wo?

EA

Aufgabe 1: *Schreibe die Namen der Tiere zum passenden Bild und schneide die Bilder aus. Klebe sie anschließend auf der Weltkarte zu dem Kontinent, auf dem sie beheimatet sind. Tipp: Immer vier Tiere pro Kontinent oder Gebiet sind es.*

Murmeltier • Luchs • Eisbär • Polarfuchs • Steinbock • Rentier • Narwal • Dachs
Indischer Elefant • Gürteltier • Zebra • Schnabeltier • Königspinguin • Grizzlybär • Tiger
Giraffe • Känguru • Pelzrobbe • Kolibri • Panda • Schimpanse • Wellensittich • Orca
Klapperschlange • Yak • Löwe • Koala • Albatros

EINFACH BIOLOGIE
Elementares Wissen in einfacher Sprache leicht und verständlich erklärt (Band 1) – Bestell-Nr. 12 177
KOHL VERLAG

Welches Tier lebt wo?

KOHL VERLAG
EINFACH BIOLOGIE
Elementares Wissen in einfacher Sprache leicht und verständlich erklärt (Band 1) – Bestell-Nr. 12 177

Tiere - ein Überblick

EA

Aufgabe 1: *Ordne zu. Schreibe die Tiere aus dem Kasten an die richtige Stelle in der Tabelle. Tipp: Für jede Gruppe gibt es 5 Tiere.*

Adler • Biene • Blauwal • Eidechse • Elefant • Erdkröte • Frosch • Gorilla • Hai • Hecht • Huhn • Känguru • Karpfen • Kobra • Krokodil • Lachs • Oktopus • Olm • Pinguin • Qualle • Regenwurm • Unke • Salamander • Schildkröte • Schmetterling • Seepferdchen • Strauß • Taube • Waran • Wolf

Säugetiere	Vögel	Kriechtiere	Lurche	Fische	Wirbellose Tiere

EINFACH BIOLOGIE
Elementares Wissen in einfacher Sprache leicht und verständlich erklärt (Band 1) – Bestell-Nr. 12 177
KOHL VERLAG

Säugetiere

EA

Aufgabe 1: *Setze diese Wörter in den folgenden Sätzen an der richtigen Stelle ein:*

atmen • gehören • gibt • haben • halten •
heißen • leben • legen • machen • säugen

a) Die Säugetiere ____________ deshalb so:

b) Die Muttertiere ____________ die sehr jungen Säugetiere nach der Geburt.

c) Säugetiere __________ auf dem Land und im Wasser.

d) Auch die Meeressäugetiere (= Meeressäuger) __________ mit der Lunge.

e) Zu den Meeressäugern ______________ u.a. Wale, Delfine und Robben.

f) Manche Säugetiere ____________ Winterschlaf (Igel, Fledermäuse, Hamster …)

g) Einige Säugetiere ____________ Winterruhe (Eichhörnchen, Dachse, Bären …)

h) Viele Säugetiere __________ ein Fell und/oder Haare.

i) In Australien ________ es Schnabeltiere und Ameisenigel.

j) Die weiblichen Schnabeltiere und Ameisenigel sind die einzigen Säugetiere, die Eier __________. Diese Tiere säugen ebenfalls ihren Nachwuchs.

Die Katzen

Die Katzen sind Säugetiere. Junge Katzen trinken Muttermilch. Katzen haben ein Fell und Haare. Meistens fressen die Katzen Fleisch. Sie jagen Mäuse, Ratten und Vögel. Schnell können die Katzen laufen und klettern. Viele Katzen sind Haustiere. Andere Katzen leben in der freien Natur. Es sind Wildkatzen …

EA

Aufgabe 2: *Was weißt du sonst noch über Katzen? Schreibe es auf.*

____

____

____

____

____

____

EA

Aufgabe 3: *Welches ist dein liebstes Säugetier? Bereite einen kurzen Vortrag über das Tier vor und stelle es in der Gruppe vor.*

Wie heißt das Tier? Wo lebt es? Was frisst es? …

EINFACH BIOLOGIE
Elementares Wissen in einfacher Sprache leicht und verständlich erklärt (Band 1) – Bestell-Nr. 12 177

Säugetiere - Wale

Sie sehen zwar ähnlich aus wie Fische, aber Wale sind keine Fische. Sie gehören zu den Säugetieren. Weibliche Wale säugen ihren Nachwuchs mit Muttermilch. Auch haben Wale keine Kiemen wie Fische, sondern Lungen. Zum Luftholen müssen Wale aus dem Wasser auftauchen. Wissenschaftler stellten fest: Ein Schnabelwal blieb etwa 140 Minuten unter Wasser, ohne aufzutauchen. In dieser Zeit tauchte der Schnabelwal tief bis fast 3.000 Meter unter dem Meeresspiegel.

Früher jagten und töteten die Menschen (= Walfänger) Wale, hauptsächlich wegen deren Fleisch und flüssigem Fett (= Tran). Auch machte man aus den Knochen der Wale verschiedene Dinge (z.B. Werkzeuge). Heute ist der Walfang weitgehend verboten. Wale sind geschützt, u.a. in der Antarktis. Doch manche Staaten (Norwegen, Japan, Island, Südkorea) halten sich nicht daran. Dies tun auch einige Völker wie vor allem die Inuit. Man bezeichnete und beleidigte die Inuit früher als Eskimos (= „Rohfleischfresser"). Die Inuit leben in der Arktis (= Nordpolargebiet), z.B. in Grönland.

Die größten Wale und derzeit größten Tiere auf der Welt sind die Blauwale. Bis zu 30 Meter können die Blauwale lang werden. Blauwale fressen Plankton. Das sind sehr kleine Lebewesen im Wasser. Andere Wale wie etwa die Orcas (= Schwertwale) und Delfine ernähren sich dagegen von Fischen und anderen größeren Meerestieren.

Wale gelten allgemein als kluge Tiere. Die allermeisten Wale leben zusammen in festen Herdengruppen.

EA

Aufgabe 1: *Weshalb sind die Wale keine Fische, sondern Säugetiere?*

____

____

EA

Aufgabe 2: *Wieso jagten und töteten früher die Walfänger sehr viele Wale?*

____

____

EA

Aufgabe 3: *Warum sollte man Wale nicht mehr jagen und töten?*

____

____

EA

Aufgabe 4: *Überlege dir zum Thema Wale eine weitere Frage, die mit dem Fragewort „Weswegen ...?" beginnt. Schreibe deine Frage auf und beantworte sie schriftlich selbst.*

____

____

EINFACH BIOLOGIE
Elementares Wissen in einfacher Sprache leicht und verständlich erklärt (Band 1) – Bestell-Nr. 12 177
KOHL VERLAG

Säugetiere - Schnabeltiere

In der Natur leben Schnabeltiere nur in Australien. Sie legen Eier. Dennoch gehören sie nicht zu den Vögeln, sondern zu den Säugetieren. Wesentlicher Grund dafür ist: Die weiblichen Schnabeltiere säugen ihre Tiere mit Muttermilch. Schnabeltiere gibt es schon sehr lange auf der Erde.

Der Name Schnabeltiere kommt daher: Ihr breiter Schnabel ähnelt dem von Enten. Die Schnabeltiere besitzen aber keine Federn. Der Körper der Schnabeltiere ist überwiegend von einem dichten Pelz umgeben. Auch besitzen Schnabeltiere jeweils einen Schwanz. Dieser ist vergleichbar mit dem Schwanz von Bibern. An den Füßen zwischen den Zehen haben Schnabeltiere Schwimmhäute.

Schnabeltiere halten sich am und im Wasser auf. Oft suchen sie im Schlamm mit ihrem Schnabel nach Fressen, nach kleinen Lebewesen wie z.B. Würmer. Mit den Krallen bauen sich Schnabeltiere an den Ufern Gänge in die Erde. In die Gänge ziehen sich Schnabeltiere zurück, unter anderem zum Schlafen.

EA **<u>Aufgabe 1</u>:** *Informiere dich im Internet und/oder Büchern noch mehr über Schnabeltiere. Welche Eigenschaft hat bei den Säugetieren nur das Schnabeltier?*

___

___

___

EA **<u>Aufgabe 2</u>:** *Angenommen: Schnabeltiere könnten sprechen. Schreibe auf, was ein Schnabeltier über sich sagen könnte. Du kannst so beginnen: „Hallo Leute, ich bin ein Schnabeltier und …“*

___

___

___

KOHL VERLAG
EINFACH BIOLOGIE
Elementares Wissen in einfacher Sprache leicht und verständlich erklärt (Band 1) – Bestell-Nr. 12 177

Vögel

Aufgabe 1: *Zehn Fragen und zehn Antworten. Welche Antwort gehört zu welcher Frage? Schreibe auf.*

a) Können alle Vögel fliegen?
b) Was haben Vögel im Gegensatz zu anderen Tieren?
c) Was lässt sich über die Knochen der Vögel sagen?
d) Was haben Vögel im Schnabel nicht?
e) Was machen die weiblichen Vögel?
f) Welche Vögel sind die größten, welche sind die kleinsten?
g) Wie heißen die Vögel, die im Spätsommer oder Herbst in wärmere Gebiete fliegen?
h) Was sind die Standvögel?
i) Was machen Nesthocker?
j) Nestflüchter – was sind das?

Nach dem Schlüpfen aus den Eiern bleiben die Vögel noch länger in den Nestern.

Die meisten Vögel können fliegen. Strauße, Pinguine und Kiwis z.B. können dies nicht.

Die Vögel besitzen keine Zähne.

Man nennt sie Zugvögel.

Ihre Knochen sind (sehr) leicht.

Am größten sind Strauße, am kleinsten sind Kolibris.

Die Vögel besitzen Federn, zwei Flügel und einen Schnabel.

Sie legen Eier.

Die jungen Vögel verlassen nach dem Schlüpfen aus den Eiern schon (sehr) früh die Nester.

Diese Vögel bleiben das ganze Jahr im selben Gebiet.

KOHL VERLAG
EINFACH BIOLOGIE
Elementares Wissen in einfacher Sprache leicht und verständlich erklärt (Band 1) – Bestell-Nr. 12 177

Vögel: Spatzen und Störche

Spatzen sind die häufigsten Vögel in Deutschland. Dagegen sieht man Störche in Deutschland viel weniger. Störche gehören zu den Zugvögeln, Spatzen zu den Standvögeln. Im Winterhalbjahr halten sich Störche in warmen Gebieten auf (vor allem in Afrika). Spatzen macht der Winter von der Temperatur her nichts aus. Sie bekommen dann zusätzlich Federn. Diese halten die Spatzen warm.

Störche fressen unter anderem Frösche, Mäuse, Raupen, Regenwürmer. Dagegen ernähren sich Spatzen vor allem von Körnern, Samen, Brotkrümeln und Insekten. Spatzen sind kleine, Störche große Vögel. Störche bauen sich Nester auf Schornsteinen, Türmen oder Masten. Spatzen nisten in Nischen an hauptsächlich Häusern, Ställen oder in Hecken. Spatzen gelten als niedlich, aber frech. Störche haben den Ruf als „Klapperstörche“ den Menschen Babys zu bringen. Aber das tun sie in Wirklichkeit natürlich nicht.

Der Zahl der Störche und auch der Spatzen geht in Deutschland zurück. Beide Vogelarten finden bei uns immer weniger Nahrung in der Natur sowie weniger Gelegenheiten zum Nisten.

EA

Aufgabe 1: *Lege eine Tabelle an und ordne die Aussagen richtig zu. Was trifft auf Spatzen zu und was auf die Störche?*

Spatzen	Störche

häufigste Vögel in Deutschland

bleiben auch im Winter hier

fressen Körner, Samen, Brotkrümel, Insekten…

sind kleine Vögel

Nester an Häusern, Ställen, in Hecken

gelten als niedlich, jedoch frech

Anzahl in Deutschland rückläufig (da in der Natur weniger Nahrung und weniger Gelegenheiten zum Nisten)

sind große Vögel

ziehen vor allem nach Afrika im Winter

fressen Frösche, Mäuse, Raupen, Regenwürmer…

Nester auf Schornsteinen, Türmen, Masten

gelten als „Klapperstörche“, die Babys bringen

Anzahl in Deutschland rückläufig (da in der Natur weniger Nahrung und weniger Gelegenheiten zum Nisten)

viel weniger in Deutschland

EINFACH BIOLOGIE
Elementares Wissen in einfacher Sprache leicht und verständlich erklärt (Band 1) – Bestell-Nr. 12 177
KOHL VERLAG

Kriechtiere

Kriechtiere bewegen sich dicht über oder auf dem Boden. Sie kriechen. Man nennt die Kriechtiere auch Reptilien (*reptilis*, lateinisch = kriechend). Zu den Kriechtieren gehören die Schildkröten, Krokodile, Echsen (z.B. Warane) und Schlangen.

Schlangen besitzen keine Beine. Die meisten Kriechtiere aber haben vier kurze Beine. Die Mehrzahl der Kriechtiere lebt in warmen oder sogar heißen Ländern. In Deutschland kommen nur relativ wenige Arten der Kriechtiere vor: Zauneidechsen, Kreuzottern, Ringelnattern, Blindschleichen ...

Kriechtiere sind wechselwarme Tiere. Sie brauchen (viel) Wärme, um aktiv zu werden. Die Haut vieler Kriechtiere ist (sehr) dick. Die allermeisten Kriechtiere halten sich hauptsächlich auf dem Land auf. Aus Eiern entstehen junge Kriechtiere.

EA

Aufgabe 1: *Beantworte die Fragen mit Hilfe des Textes.*

a) Warum heißt diese Klasse Kriechtiere?

____

b) Wie nennt man die Kriechtiere auch?

____

c) Wer gehören zu den Kriechtieren?

____

d) Was haben Schlangen nicht mehr?

____

e) Was besitzen die meisten Kriechtiere (außer Schlangen)?

____

f) Wo leben die meisten Kriechtiere?

____

g) Kennst du Kriechtiere die es in Deutschland gibt?

____

h) Was brauchen die Kriechtiere zur Aktivität?

____

i) Weshalb leben in Deutschland nur relativ wenige Arten von Kriechtieren?

____

j) Wie kommen junge Kriechtiere zur Welt?

____

KOHL VERLAG EINFACH BIOLOGIE Elementares Wissen in einfacher Sprache leicht und verständlich erklärt (Band 1) – Bestell-Nr. 12 177

3 Tiere

Kriechtiere - Kreuzotter

Eine der wenigen Arten von Kriechtieren in der deutschen Natur sind Kreuzottern. Ebenso wie andere Kriechtiere begegnet man bei uns Kreuzottern äußerst selten. Die meisten Kreuzottern leben in Mooren bzw. Heiden. Diese Tiere erreichen eine Länge von ca. 70 cm bis 1 m. Auf ihren Rücken haben Kreuzottern ein Zickzackmuster. Im Übrigen sieht der Körper der Kreuzottern weiß, graugelb, braunrot, rot oder schwarz aus.

Die Kreuzottern gehören zu den Giftschlangen. Sie töten mit giftigen Bissen unter anderem Mäuse sowie Frösche und fressen sie danach auf.

Bei starker Bedrohung können Kreuzottern sogar Menschen beißen. Besonders für kleine Kinder und ältere Menschen kann ein Biss in die Haut durch eine Kreuzotter gefährlich sein. Das Gift einer Kreuzotter führt bei Menschen aber sehr selten zum Tod. Bei einem Biss durch eine Kreuzotter sollte man jedoch vorsichtshalber alsbald einen Arzt aufsuchen.

EA

Aufgabe 1: *Welche Aussagen sind zutreffend? Kreuze an. Bei richtiger Beantwortung ergibt sich ein Lösungswort.*

Aussagen	Richtig	Falsch
in Deutschland häufig in der Natur anzutreffen	W	S
leben überwiegend in Mooren und Heiden	C	A
etwa 170 cm bis 2 m lang	S	H
Zickzack-Muster auf dem Rücken	L	U
sonstige Körperfarbe Weiß, Graugelb, Braunrot, Rot bzw. Schwarz	A	P
Kreuzottern gehören nicht zu den Giftschlangen	O	N
töten u. a. Mäuse und Frösche mit giftigen Bissen und fressen sie	G	T
Gift bei Kleinkindern und älteren Menschen möglicherweise gefährlich, jedoch selten lebensgefährlich	E	N
nach einem Biss durch eine Kreuzotter ist es nicht nötig einen Arzt aufzusuchen. Wunde einfach kühlen, das reicht.	U	N

LÖSUNGSWORT: _ _ _ _ _ _ _ _ _

EA

Aufgabe 2: *Korrigiere nun die falschen Aussagen mit Hilfe des Textes.*

____

____

____

____

____

EINFACH BIOLOGIE
Elementares Wissen in einfacher Sprache leicht und verständlich erklärt (Band 1) – Bestell-Nr. 12 177
KOHL VERLAG

Test 5 **Name** ____________________

Tiere (I)

Aufgabe: *Setze in den folgenden Sätzen die fehlenden Wörter ein!*

1. Auf der Erde gibt es viel mehr ______________________ Tiere als Wirbeltiere.
2. Die Wirbeltiere lassen sich aufteilen in ____________ Klassen.
3. Nach der Geburt bekommen junge Säugetiere von ihrer Mutter _____________.
4. Manche Säugetiere leben nicht auf dem Land, sondern im _______________.
5. Zu den Meeressäugetieren gehören _______, __________ ____ __________.
6. Igel, Fledermäuse, Hamster… schlafen im __________________.
7. Eichhörnchen, Dachse, Bären… halten _____________________.
8. Die allermeisten Säugetiere besitzen ein dichtes ____________ und/oder Haare.
9. Weibliche Schnabeltiere und Ameisenigel sind die einzigen Säugetiere, die _________________ legen.
10. Diese beiden Tierarten leben in __________________ in der Natur.
11. Die meisten Vögel können ______________________.
12. Nicht fliegen können z.B. die _______________, ___________ oder _______.
13. Alle Vögel haben Federn, zwei Flügel und einen ___________________.
14. Die Knochen der Vögel sind sehr _____________________.
15. ________________ sind die größten lebenden Vögel.
16. __________________ fliegen im Spätsommer oder Herbst in wärmere Gebiete.
17. _____________________ bleiben das ganze Jahr im selben Gebiet.
18. Nesthocker sind Vögel, die nach dem Schlüpfen aus den Eiern noch länger im _________________ bleiben.
19. Kriechtiere nennt man auch _____________________.
20. Zu den Kriechtieren gehören u.a. Krokodile, Schlangen und ________________.
21. Schlangen besitzen keine ________________.
22. Der Lebensraum der meisten Kriechtiere liegt in warmen oder ________ Gebieten.
23. In Deutschland leben nur relativ ________________ Arten von Kriechtieren.
24. Viele Kriechtiere haben eine dicke ___________________.
25. Junge Kriechtiere gehen aus _____________________ hervor.

KOHL VERLAG EINFACH BIOLOGIE Elementares Wissen in einfacher Sprache leicht und verständlich erklärt (Band 1) – Bestell-Nr. 12 177

Test 6 Name ____________________

Tiere (I)

Aufgabe: *Schreibe auf: Was kannst du sagen über:*

1. ... die Tiere (allgemein)?
2. ... die Säugetiere?
3. ... die Vögel?
4. ... die Kriechtiere?

KOHL VERLAG
EINFACH BIOLOGIE
Elementares Wissen in einfacher Sprache leicht und verständlich erklärt (Band 1) – Bestell-Nr. 12 177

Amphibien

EA

Aufgabe 1: *Trage die Begriffe aus dem Kasten in den Lückentext ein und erfahre mehr über die Lurche.*

Haut • Gebieten • tot • Lurche • schleimig • wechselwarme • Wärme • Kiemen • Kröten • Winterstarre • Kaulquappen

Die allermeisten Lurche sind kleine Lebewesen. Ihre Haut ist nackt und ________________. Die jungen Lurche leben vorwiegend im Wasser. Sie atmen durch ____________. Die erwachsenen Lurche atmen in der Regel durch Lungen und durch die ________. Der Lebensraum der meisten erwachsenen Lurche liegt am Wasser oder in feuchten ________________.

Zu den Lurchen gehören Frösche, ____________, Feuersalamander, Molche, Olme … Am bekanntesten dürften die Frösche sein. Die jungen Frösche heißen ______________________. In Deutschland leben nur relativ wenige Arten der Lurche. Auch die Lurche sind _________________________ Tiere. Im Winter befinden sich die Lurche in Deutschland in _________________________. Sie wirken wie ______. Überleben die Lurche den Winter, dann werden sie im Frühling bei __________ wieder aktiv.

Die Amphibien werden auch als ____________ bezeichnet. Das Wort „Amphib“ kommt aus der griechischen Sprache. Es bedeutet so viel wie „zweifaches Leben“.

EA

Aufgabe 2: *Versuche zu erklären: Warum nennt man die Lurche auch Amphibien?*

____

____

____

____

EA

Aufgabe 3: *Warum leben Amphibien ausschließlich in feuchten oder nassen Lebensräumen und müssen die direkte Sonne meiden?*

____

____

____

____

EINFACH BIOLOGIE
Elementares Wissen in einfacher Sprache leicht und verständlich erklärt (Band 1) – Bestell-Nr. 12 177
KOHL VERLAG

Amphibien - Kröten

ERDKRÖTE

GRASFROSCH

Kröten sind verwandt mit Fröschen. Sie sehen auch ähnlich aus. Allerdings ist der Körperbau von Kröten etwas kräftiger als der von Fröschen. Ebenfalls wie Frösche leben Kröten in oder in der Nähe von feuchten Gebieten bzw. Stellen. Tagsüber halten sich Kröten meistens im Schatten auf. Auch Kröten kommen als Kaulquappen zur Welt. Man sagt vereinfacht: Kröten besitzen eine warzige, trockene Haut und laufen. Demgegenüber haben Frösche eine feuchte, schleimige Haut und springen. Dies gilt aber nicht für alle Kröten sowie Frösche.

Durch ihre Haut können die meisten Kröten eine giftige Flüssigkeit ausstoßen. Diese ist für manche anderen Tiere gefährlich, kann sogar tödlich sein. Für Menschen ist diese giftige Flüssigkeit normalerweise keine Gefahr. Im Frühjahr wandern die vielen Kröten zum Laichen in nahe Gewässer. Naturschützer in Deutschland errichten an Straßen Krötenzäune. Mit diesen Zäunen wollen die Naturschützer erreichen: Autos und andere Fahrzeuge sollen die Kröten nicht überfahren und damit töten. Die Naturschützer sammeln die Kröten vor der einen Seite der Krötenzäune in z. B. Eimern ein und bringen sie dann über die Straßen.

Unterschiedliche Arten von Kröten gibt es, z. B. Erdkröten. Diese sind die häufigsten Kröten in Deutschland. Die Erdkröten sollen bis zu 40 Jahre alt werden können. Übrigens: Kröten fressen unter anderem Schnecken und Insekten.

EA

Aufgabe 1: *Informiere dich im Internet und/oder in den Büchern noch mehr über Kröten und Frösche. Bereite dich auf eine Präsentation zum Thema Kröten und Frösche vor. Schreibe dir in Stichwörtern auf: Was möchtest du in deiner Präsentation sagen?*

____

____

____

____

____

____

____

EINFACH BIOLOGIE
Elementares Wissen in einfacher Sprache leicht und verständlich erklärt (Band 1) – Bestell-Nr. 12 177
KOHL VERLAG

Fische

Die ersten Wirbeltiere auf der Erde waren Fische. Fische leben im Wasser und besitzen Kiemen. Mit den Kiemen nehmen die Fische aus dem Wasser Sauerstoff auf. Außerhalb des Wassers sind fast alle Fische nicht lebensfähig, sie sterben. Nur Lungenfische können auch außerhalb des Wassers eine Weile überleben.

Am Körper der Fische befinden sich Flossen. Damit bewegen sich die Fische im Wasser fort. Manche Fische haben Knochen. Diese Fische heißen Knochenfische. Andere haben ein Skelett aus Knorpel. Man nennt sie Knorpelfische. Auf der Oberfläche ihres Körpers haben Fische gewöhnlich eine dünne Schicht aus Schleim.

Fische sind wechselwarme Lebewesen. Das bedeutet: Die Körpertemperatur passt sich der Umgebung an. Mit über 15 Meter Länge sind Walhaie die größten Fische. Die meisten jungen Fische entwickeln sich aus Eiern (= Laich).

EA

Aufgabe 1: *Beende die Sätze.*

a) Fische waren ______________________.

b) Aus dem Wasser ______________________.

c) Fast alle Fische ______________________.

d) Die Lungenfische ______________________.

e) Mit Flossen ______________________.

f) Knochenfische besitzen ______________________.

g) Schleim liegt ______________________.

h) Die Körpertemperatur der Fische ist abhängig von ______________________.

i) Walhaie ______________________.

j) Aus Eiern ______________________.

EA

Aufgabe 2: *Was weißt du noch über Fische? Mache Notizen und vergleiche deine Informationen mit deinem Lernpartner.*

____

____

____

____

EINFACH BIOLOGIE
Elementares Wissen in einfacher Sprache leicht und verständlich erklärt (Band 1) – Bestell-Nr. 12 177
KOHL VERLAG

Fische - Aale

In der deutschen Sprache kommt die Redewendung vor: „Sich winden (= drehend bewegen) wie ein Aal.“ Aale sind längliche Fische. Diese Fische ähneln im Aussehen Schlangen. Die Haut der Aale fühlt sich glatt und schleimig an. In Meeren und Flüssen können Aale leben, also im Salzwasser und Süßwasser. Man zählt die Aale zu den Raubfischen. Das heißt: Aale fressen andere kleine Fische und sonstige Wassertiere. Aber auch von Pflanzen ernähren sich Aale.

Europäische Aale: Im Alter von etwa 6-10 Jahren schwimmen sie instinktiv (= unbewusst) aus dem Süßwasser von Flüssen zur Sargasso-See im Atlantischen Ozean. Dort paaren sich die männlichen und weiblichen Aale. Aus den Eiern schlüpfen später Larven. Nach einiger Zeit werden aus Larven Aale. Die jungen Aale bezeichnet man als Glasaale. Sie sehen beinahe so durchsichtig aus wie Glas, farblos. Erst im weiteren Alter wird die Haut der Aale dunkel. Im Lauf von etwa 3 Jahren kehren die Aale in die Heimat ihrer Eltern zurück.

EA

Aufgabe 1: *Welche der folgenden Aussagen sind richtig, welche sind falsch? Kreuze an, was zutrifft.*

	Richtig	Falsch
Aale haben im Aussehen eine Ähnlichkeit mit Schlangen.		
Die Aale gehören zu den Friedfischen.		
In Flüssen befindet sich Salzwasser, in Meeren Süßwasser.		
Europäische Aale paaren sich im der Sargasso-See.		
Ältere Aale nennt man Glasaale.		

EA

Aufgabe 2: *Korrigiere nun die falschen Aussagen mit Hilfe des Infotextes.*

____

____

____

EINFACH BIOLOGIE
Elementares Wissen in einfacher Sprache leicht und verständlich erklärt (Band 1) – Bestell-Nr. 12 177

3 Tiere

Wirbellose Tiere

Über 95% aller bekannten Tierarten sind wirbellose Tiere. Mit anderen Worten: Diese Tiere besitzen keine Wirbelsäule. Wirbellose Tiere waren die ersten Tiere auf der Erde.

Ganz viele wirbellose Tiere sind sehr klein. So manche davon kann man nur unter einem Mikroskop sehen. Wirbellose Tiere sind zum Beispiel: Schnecken, Würmer, Käfer, Schmetterlinge, Bienen ... Es gibt wirbellose Tiere fast überall auf der Erde. Zu den wirbellosen Tieren im Wasser gehören Quallen, Korallen, Seesterne, Krabben, Kalmare (= Tintenfische) ... Riesenkalmare werden bis zu 20 Meter lang. Im Körper haben die wirbellosen Tiere keine Knochen und keinen Knorpel. Zahlreiche wirbellose Tiere besitzen aber ein Außenskelett. Dieses soll die Tiere schützen. Tiere mit einem Außenskelett sind unter anderem Muscheln und manche Schnecken. Bei Insekten (= zum Beispiel Libellen, Ameisen, Bienen ...) ist ein Außenskelett aus Chitin vorhanden. Chitin ist ein harter Stoff aus Eiweiß.

EA

Aufgabe 1: *Welche Antworten stimmen? Die richtigen Antworten ergeben den Namen der Spinne auf dem Foto. Sie ist eine der giftigsten Spinnen in Deutschland.*

Aussagen	Richtig	Falsch
Weniger als 5% aller Tierarten sind keine Wirbellose.	D	T
Alle Wirbellose besitzen eine Wirbelsäule aus Chitin.	A	O
Die maximale Körpergröße der Wirbellosen beträgt 1,25 m.	S	R
Wirbellose Tiere besitzen weder Knochen noch Knorpel.	N	M
Alle Wirbellose haben ein Außenskelett als Ersatz für Knochen.	A	F
Wenn ein Außenskelett vorhanden ist, dann ist es immer Chitin.	U	I
Die Riesenkalmare gehören zu den Wirbeltieren.	G	N
Alle Insekten haben 6 Beine.	G	P
Chitin wird bei Kontakt mit der Luft hart.	E	D
Spinnen gehören nicht in die Gruppe der Wirbellosen.	W	R

LÖSUNGSWORT: __ __ __ __ __ __ __ __ __ __

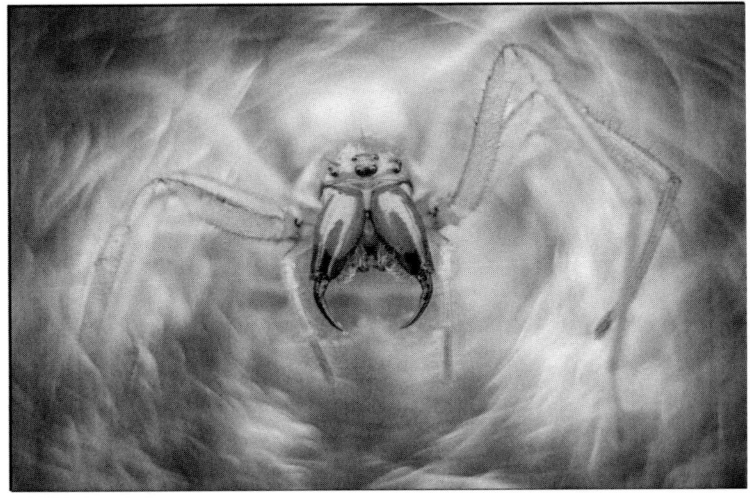

KOHL VERLAG
EINFACH BIOLOGIE
Elementares Wissen in einfacher Sprache leicht und verständlich erklärt (Band 1) – Bestell-Nr. 12 177

Wirbellose Tiere - Bienen

Sehr nützliche Tiere sind die Bienen. Sie bestäuben Pflanzen mit Pollen (= Blütenstaub), z. B. Kräuter, Gemüse, Obstbäume. Somit können sich viele Pflanzen fortpflanzen. Auch liefern die Bienen den Menschen Honig zum Essen. Zudem geben Bienen aus ihrem Körper durch Drüsen Wachs ab. Daraus lassen sich Kerzen machen. Bienen sind fleißige Arbeitstiere. Von daher kommt die Redensart: *„Fleißig wie eine Biene (sein)*!“

Zu den Insekten gehören die Bienen. Das Wort Insekt stammt aus der lateinischer Sprache: *insectum* = eingeschnitten. Auch bezeichnet man Insekten als Kerbtiere. Eine Kerbe ist ein Einschnitt. Der Körper der Insekten und damit auch der Bienen ist – vereinfacht gesagt – unterteilt in Kopf, Brust und Hinterleib. Bienen besitzen einen Kopf mit 2 Fühlern, eine Brust mit 6 Beinen, 4 Flügeln und einen Hinterleib mit einem Stachel.

Bienen leben in Bienenvölkern zusammen. In Bienenvölkern gibt es jeweils eine Königin, zahlreiche Arbeitsbienen sowie Drohnen. Drohnen sind männliche Bienen. Sie paaren sich mit der Königin. Die Anzahl der Bienen sowie anderer Insekten geht in Deutschland sowie in anderen Ländern zurück. Wesentliche Gründe dafür sind: der einseitige Anbau von Pflanzen (z. B. Mais) durch Landwirte, die Verwendung von Pflanzenschutzmitteln, der Bau von Wohnhäusern, wirtschaftlichen Gebäuden, Straßen usw. Bienen finden weniger Nahrung. Ihnen stehen weniger Naturflächen zur Verfügung als früher.

EA

Aufgabe 1: *Unterstreiche im Text das Wesentliche.*

EA

Aufgabe 2: *Erkläre in eigenen Sätzen: Warum gibt es heute weniger Bienen und andere Insekten als früher?*

EA

Aufgabe 3: *Was meinst du dazu, dass man heute weniger Bienen und andere Insekten vorfindet?*

EINFACH BIOLOGIE
Elementares Wissen in einfacher Sprache leicht und verständlich erklärt (Band 1) – Bestell-Nr. 12 177
KOHL VERLAG

Wirbellose Tiere - Spinnen

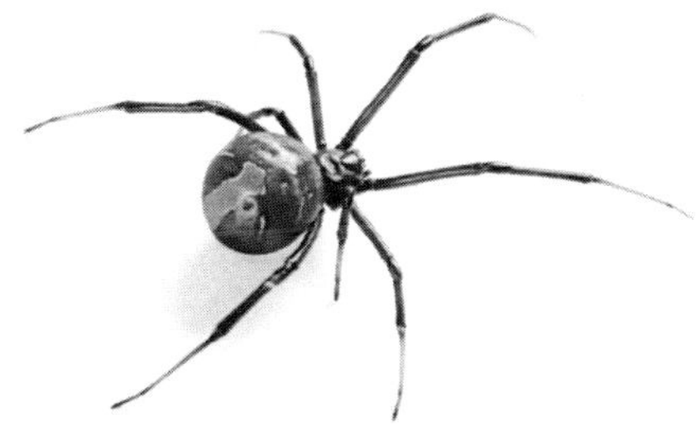

Schwarze Witwe

Rotknie-Vogelspinne

So manche Leute ekeln sich oder fürchten sich sogar vor Spinnen. Man zählt Spinnen nicht zu den Insekten. Spinnen gehören zu der Gruppe der Spinnentiere. Andere Spinnentiere sind z. B. die Milben und Skorpione.

Spinnen besitzen 8 Beine und haben keine Flügel sowie keine Fühler. Der Körper der Spinnen setzt sich hauptsächlich zusammen aus den beiden Teilen Kopf-Brust und Hinterleib. Auf der Haut der Spinnen sieht man Haare. Viele Arten von Spinnen bauen Spinnnetze zum Fangen vor allem von Insekten. Aus Spinnfäden stellen die Spinnen ihre Netze her. Die Spinnfäden ziehen die Spinnen aus ihrem Hinterleib. Die Spinnen lähmen oder töten ihre Beute mit giftigen Bissen. Danach saugen die Spinnen Stoffe aus dem Körper der Opfer aus. Nur flüssig können die Spinnen Nahrung aufnehmen. Aus gelegten Eiern geht später der Nachwuchs (= junge Spinnen) hervor. Fast alle Spinnen besitzen Giftdrüsen. Das Gift der allermeisten Spinnen ist für Menschen ungefährlich. Der Biss der südamerikanischen Vogelspinne ist angeblich nicht schlimmer als ein Bienenstich. Dagegen gilt ein Biss durch die Spinne Schwarze Witwe als lebensgefährlich, wenn nicht sogar tödlich.

EA

Aufgabe 1: *Wodurch unterscheiden sich Spinnen von Insekten?*

____

____

____

EA

Aufgabe 2: *Was weißt du über die Gefährlichkeit von Spinnen für Menschen?*

____

____

____

EA

Aufgabe 3: *Welche Meinung hast du über Spinnen? Ekelst oder fürchtest du dich von ihnen?*

____

____

____

KOHL VERLAG EINFACH BIOLOGIE Elementares Wissen in einfacher Sprache leicht und verständlich erklärt (Band 1) – Bestell-Nr. 12 177

3 Tiere

Wirbellose Tiere - Schnecken

Auch Schnecken haben keine Wirbelsäule. Schnecken gehören zum Tierstamm der Weichtiere. Die Weichtiere verfügen über einen weichen Körper mit einer feuchten Haut. Die meisten Weichtiere leben im Wasser. Einige Weichtiere haben außen eine Schale (z. B. Muscheln).

Manche Schnecken besitzen ein Gehäuse (= „Schneckenhaus") aus Kalk. Schnecken leben im Wasser bzw. auf dem Land. Somit haben manche Schnecken Kiemen (= Kiemenschnecken), andere dagegen Lungen (= Lungenschnecken). Trockene Luft ist für die Schnecken gefährlich, kann sogar lebensgefährlich werden. Deshalb kommen Landschnecken oft erst bei regnerischem Wetter aus ihrem (schattigen) Versteck heraus. Oder sie lassen sich nur frühmorgens oder spätabends im Freien sehen. Landschnecken sind in der Regel nachts aktiv. Die allermeisten Landschnecken fressen vor allem Teile von Pflanzen (z.B. Blätter), jedoch auch winzige Tiere. Die Mehrheit der Schnecken legt Eier. Daraus gehen junge Schnecken hervor. Schnecken werden bei uns bis ca. einem Jahr (z. B. Nacktschnecken) alt. Die Große Weinbergschnecke steht in Deutschland unter Naturschutz.

EA

Aufgabe 1: *Notiere in eigenen Sätzen: Was kannst du über Schnecken sagen? Du kannst zu diesem Thema auch andere Dinge nennen als sie im Text stehen.*

EA

Aufgabe 2: *Viele Schnecken sind Zwitter. Was ist damit gemeint? Suche im Internet oder in Fachbüchern.*

KOHL VERLAG EINFACH BIOLOGIE Elementares Wissen in einfacher Sprache leicht und verständlich erklärt (Band 1) – Bestell-Nr. 12 177

Tiere - ordne richtig zu!

EA

Aufgabe 1: *Was gilt für welche Tiere? Übertrage die Tabelle in dein Heft. Ordne richtig zu! In jede Gruppe müssen drei Aussagen eingetragen werden.*

Säugetiere	Vögel	Kriechtiere	Lurche	Fische	Wirbellose Tiere

Alle weiblichen Tiere legen Eier.

Ganz viele Tiere sind sehr klein.

Man bezeichnet sie auch als Reptilien.

Die meisten Tiere haben ein Außenskelett.

Hierzu gehört auch der Mensch.

Die meisten Tiere leben in warmen Ländern.

Diese Tiere besitzen Flossen.

Junge Tiere leben im Wasser.

Einige haben Haare, andere ein Fell.

Man nennt sie auch Amphibien.

Junge Tiere trinken Milch.

Die meisten können fliegen.

Sie schwimmen im Wasser.

Sie haben Federn und einen Schnabel.

Sie bewegen sich dicht über dem Boden.

Die Tiere atmen durch Kiemen.

Sie haben **keine** Wirbelsäule.

Ältere Tiere leben am Wasser.

EA

Aufgabe 2: *Es gibt aber auch Tiere, die etwas aus der Reihe tanzen. Sie zeigen Eigenschaften, die man normalerweise nur bei anderen Gruppen findet? Kannst du zwei dieser Säugetiere nennen?*

____

____

____

____

EINFACH BIOLOGIE
Elementares Wissen in einfacher Sprache leicht und verständlich erklärt (Band 1) – Bestell-Nr. 12 177
KOHL VERLAG

Die Bedeutung und der Schutz der Tiere

Tiere sind sehr wichtig für die Menschen. So manche Tiere bieten dem Menschen Essen (= Nahrung). Kühe geben Milch, Hühner legen Eier, Bienen liefern Honig ...

Die Menschen ernähren sich vom Fleisch der Tiere. Dafür sterben Tiere. Von Tieren bekommen wir u.a. Wolle und Federn. Tiere helfen Menschen: Pferde, Kamele, Esel, Elefanten... tragen Lasten oder ziehen z.B. Wagen. Hunde halten Wache oder spüren verschüttete Menschen auf.

Reiter nutzen Tiere (z.B. Pferde) zum Sport. Kinder können mit einigen Tieren spielen. Vor allem Kinder haben viel Freude dabei, Tiere im Zoo zu erleben.

Tiere brauchen Schutz. Verboten ist es, sie zu quälen. Als Tierhalter musst du den Tieren immer genug Futter geben. Auch musst du die Tiere richtig unterbringen, sie pflegen. Tiere benötigen Platz zum Auslauf.

Von manchen Tierarten leben nur noch relativ wenige Tiere. Diese Tiere sind besonders zu schützen. Sonst drohen sie auszusterben. Habe Verständnis für Tiere. Füge Tiere keine Schmerzen zu. Lasse sie nicht leiden!

Merke dir:
„Quäle nie ein Tier zum Scherz, denn es fühlt wie du den Schmerz!"

EA

Aufgabe 1: *Beantworte die Fragen.*

a) Welche Bedeutung haben Tiere für die Menschen?

___

___

___

b) Wie sollten sich Menschen gegenüber Tieren verhalten, mit ihnen umgehen?

___

___

___

c) Was soll das Foto „Ein Herz für Tiere" aussagen?

___

___

___

KOHL VERLAG EINFACH BIOLOGIE Elementares Wissen in einfacher Sprache leicht und verständlich erklärt (Band 1) – Bestell-Nr. 12 177

Test 7 **Name** ____________________

Tiere (II)

Aufgabe: *Setze in den folgenden Sätzen die fehlenden Wörter ein!*

1. Ein anderes Wort für Lurche heißt ________________.
2. Die bekanntesten Lurche in Deutschland sind die ________________.
3. Die Haut der Lurche ist ____________ und schleimig.
4. Junge Lurche leben überwiegend im Wasser und atmen durch ____________.
5. Die meisten erwachsenen Lurche leben am Wasser, sie atmen durch die __________ und die Haut.
6. In Deutschland befinden sich die Lurche im Winter in ____________________.
7. Das heißt: Die Lurche wirken wie ________________.
8. Auf der Erde waren Fische die ersten ____________________.
9. Fische atmen durch Kiemen, sie nehmen Sauerstoff aus dem ______________ auf.
10. Am Körper der Fische befinden sich ______________.
11. Die Fische kann man unterteilen in Knorpelfische und ____________________.
12. ____________ sind die größten lebenden Fische.
13. An der Oberfläche ihres Körpers haben Fische ein dünne Schicht aus ____________.
14. Die Körpertemperatur der Fische passt sich an die ________________ an.
15. Wirbellose Tiere waren die ersten Tiere auf der ________________.
16. Sehr viele wirbellose Tiere sind ganz ________________.
17. ________________________ sind die größten wirbellosen Tiere.
18. Wirbellose Tiere besitzen keine ____________ und keinen Knorpel.
19. Viele wirbellose Tiere haben aber zum Schutz ein ________________.
20. Bei Insekten (z.B. Bienen) besteht dieses aus ___________ (= ein harter Stoff aus Eiweiß).
21. Für die Menschen sind Tiere sehr ______________.
22. Tiere geben oder bieten den Menschen z.B. ________________.
23. Wer Tiere hält, muss sich um sie ________________.
24. Bereite Tieren keine ____________________, quäle sie nicht.
25. So manche Tierarten sind vom ____________________ bedroht.

KOHL VERLAG EINFACH BIOLOGIE Elementares Wissen in einfacher Sprache leicht und verständlich erklärt (Band 1) – Bestell-Nr. 12 177

Test 8 **Name** ______________________

Tiere (II)

Aufgabe: *Schreibe auf: Was kannst du sagen über ...*

1. ... die Lurche?
2. ... die Fische?
3. ... die wirbellosen Tiere?
4. ... die Bedeutung und den Schutz der Tiere?

KOHL VERLAG
EINFACH BIOLOGIE
Elementares Wissen in einfacher Sprache leicht und verständlich erklärt (Band 1) – Bestell-Nr. 12 177

4 Pflanzen

Was Pflanzen können

Pflanzen wachsen im Wasser und auf dem Land. Sie waren früher auf der Erde als Tiere und Menschen. Auch Pflanzen bestehen aus ganz vielen kleinen Zellen.

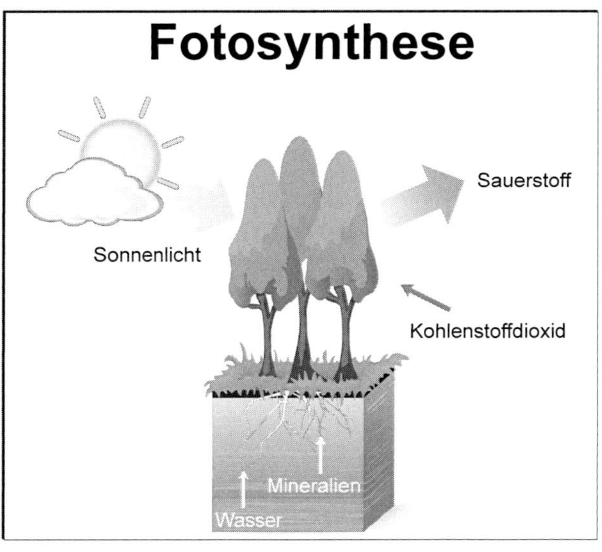

Die Pflanzen ernähren sich selbst, ihre Wurzeln holen Nährstoffe und Wasser aus dem Boden. Ganz wichtig: Pflanzen nehmen aus der Luft Kohlenstoffdioxid (CO_2) auf. Dieses Gas ist schädlich für die Menschen und die Tiere. Aus Kohlenstoffdioxid ($6CO_2$) und Wasser ($6H_2O$) machen die Pflanzen Sauerstoff ($6O_2$) und Zucker ($C_6H_{12}O_6$). Dafür brauchen die Pflanzen Sonnenlicht. Der ganze Vorgang heißt Fotosynthese. Die Fotosynthese findet in den Blättern der Pflanzen statt.

Die Menschen und Tiere brauchen den Sauerstoff zum Leben. Ohne Pflanzen wäre auf der Erde nicht genug Sauerstoff vorhanden.

EA

Aufgabe 1: *Beantworte diese Fragen in vollständigen Sätzen.*

a) Wo wachsen Pflanzen?

____

b) Woraus bestehen Pflanzen?

____

c) Wie ernähren sich Pflanzen?

____

d) Was holen die Wurzeln der Pflanzen aus dem Boden?

____

e) Was nehmen Pflanzen aus der Luft aus?

____

f) Was ist Kohlenstoffdioxid für die Menschen und Tiere?

____

g) Was stellen Pflanzen aus Kohlenstoffdioxid und Wasser her?

____

h) Was brauchen die Pflanzen für die Fotosynthese?

____

i) Wer braucht Sauerstoff?

____

j) Was wäre auf der Erde ohne Pflanzen?

____

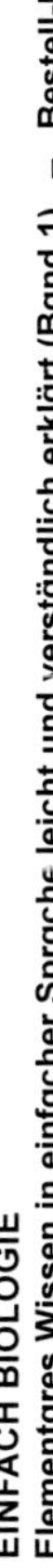
EINFACH BIOLOGIE
Elementares Wissen in einfacher Sprache leicht und verständlich erklärt (Band 1) – Bestell-Nr. 12 177
KOHL VERLAG

4

Pflanzen

Was Pflanzen können

EA

Aufgabe 2: *Trage die Begriffe aus dem Kasten in den Lückentext ein.*

Medizin • Klettverschluss • Geschenke • Baumwolle • schützen • Getränke • Sauerstoff • Lebewesen • Essen • Kohlenstoffdioxid • Fotosynthese

Auch die Pflanzen sind ________________. Sie tun ganz viele Dinge: Pflanzen nehmen ______________________________ auf. Sie stellen __________________ her. Diesen Vorgang nennt man _________________________. Pflanzen (z.B. Kartoffeln und Reis) geben den Menschen ______________. Aus Pflanzen lassen sich ______________ (Säfte) gewinnen. Pflanzen liefern ____________ (Medikamente). Man kann aus Pflanzen (z.B. ________________) Kleidung machen. Pflanzen (z.B. Blumen) können schöne ________________ sein. Durch Pflanzen wird die Umgebung schöner. Pflanzen helfen den Menschen, sich zu erholen. Für Erfindungen (z.B. der __________________________ an der Kleidung) sind Pflanzen ein Vorbild. Die Menschen brauchen Pflanzen. Du solltest, ja musst Pflanzen ______________.

EA

Aufgabe 3: *Was können Pflanzen noch? Kreuze an und finde die richtige Lösung.*

	Richtig	Falsch
Pflanzen festigen den Boden und schützen vor Erdrutsch.	**P**	**S**
Pflanzen könnten auch auf dem Mond wachsen.	**E**	**A**
Pflanzen schützen vor Staub aus der Luft.	**L**	**K**
Pflanzen schützen vor Lärm und Wind.	**M**	**D**
Pflanzen können radioaktive Strahlung unbeschadet überleben.	**U**	**E**

LÖSUNGSWORT: _ _ _ _ _

EA

Aufgabe 4: *Schreibe auf: Was macht man aus Pflanzen? Nenne zu jedem Produkt eine entsprechende Pflanze.*

Essen: ________________________________

Getränke: ________________________________

Kleidung: ________________________________

Medikament: ________________________________

Tierfutter: ________________________________

Werkzeug: ________________________________

EINFACH BIOLOGIE
Elementares Wissen in einfacher Sprache leicht und verständlich erklärt (Band 1) – Bestell-Nr. 12 177
KOHL VERLAG

Die Aufteilung der Pflanzen

Ganz viele Pflanzen kommen auf der Erde vor. Die Pflanzen lassen sich aufteilen in:

Algen

Sie leben im Wasser oder in feuchten Gebieten. Es gibt z.B. Grünalgen, Braunalgen, Rotalgen.

Moose

Viele Moose wachsen auf dem Land. Manche Moose brauchen Schatten und Nässe. Moose sieht man z.B. an Bäumen und auf Dächern von Häusern. Die Moose haben keine Blüten und Wurzeln. Die Moose liegen flach auf dem Untergrund.

Farne

Farne sind vor allem in Wäldern zu finden, im Schatten von Bäumen. Die Farne haben Wurzeln, Stängel und Blätter, aber keine Blüten. In Australien und Neuseeland sieht man Baumfarne. Sie wachsen so hoch wie Bäume.

Samenpflanzen

Die meisten Arten von Pflanzen sind Samenpflanzen. Die Samenpflanzen besitzen Wurzeln, Stängel, Blätter und Blüten. Samen entstehen in den Blüten und wachsen meistens in Früchten (z.B. in Äpfeln) heran. Aus Samen werden später im Boden neue Samenpflanzen.

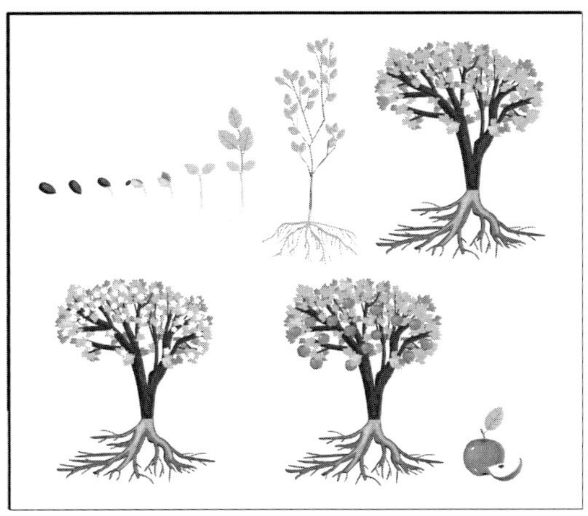

EINFACH BIOLOGIE
Elementares Wissen in einfacher Sprache leicht und verständlich erklärt (Band 1) – Bestell-Nr. 12 177
KOHL VERLAG

Die Aufteilung der Pflanzen

EA

Aufgabe 1: *Beantworte die Fragen zur Welt der Pflanzen.*

a) Wie lassen sich die Pflanzen aufteilen?

____

b) Wo leben Algen?

____

c) Wie heißen einige Algen?

____

d) Wo wachsen Moose?

____

e) Was fehlt Moosen?

____

f) Wo findet man vor allem Farne?

____

g) Welche drei Bestandteile hat ein Farn?

____

h) Was haben Farne nicht?

____

i) Wo kommen die Baumfarne hauptsächlich vor?

____

j) Welcher Kategorie gehören die meisten Arten von Pflanzen an?

____

k) Welche vier Bestandteile haben Samenpflanzen?

____

l) Wo entstehen die Samen der Samenpflanzen?

____

m) Wo wachsen die Samen meistens heran?

____

n) Wie heißen fünf bekannte Früchte?

____

o) Was passiert mit den Samen, wenn sie zu Boden fallen?

____

EINFACH BIOLOGIE
Elementares Wissen in einfacher Sprache leicht und verständlich erklärt (Band 1) – Bestell-Nr. 12 177
KOHL VERLAG

4 Pflanzen

Verschiedene Teile der Samenpflanzen

Die Samenpflanzen sehen ähnlich im Aufbau aus. Sie haben Blätter, Blüten, Stängel und Wurzeln (siehe Zeichnung):

EA

Aufgabe 1: *Schreibe auf, wo welche Pflanzenteile sind?*

EA

Aufgabe 2: *Welcher Teil der Pflanze macht was? Ordne den Aufgaben den passenden Pflanzenteil zu.*

Die ______ → nehmen Wasser und Nährstoffe auf, halten die Pflanze im Boden fest.

Die ______ → bilden Früchte und Samen.

Die ______ → führen die Fotosynthese durch, regeln die Abgabe von Wasser.

Die ______ → leiten Wasser und Nährstoffe weiter.

EA

Aufgabe 3: *Zu welchem Pflanzenteil gehören unsere Speisekartoffeln?*

______

EINFACH BIOLOGIE
Elementares Wissen in einfacher Sprache leicht und verständlich erklärt (Band 1) – Bestell-Nr. 12 177

Test 9 **Name** ______________________

Pflanzen (I)

EA

Aufgabe: *Setze in den folgenden Sätzen die fehlenden Wörter ein.*

1. Auch Pflanzen sind ______________, genauso wie Tiere oder Pilze.
2. Sie leben, ____________, pflanzen sich fort und ____________.
3. Pflanzen gab es viel früher auf der Erde als _________ und ______________.
4. Auf dem ________ und im ___________ wachsen und leben die Pflanzen.
5. Ebenfalls bestehen die Pflanzen aus ganz vielen sehr kleinen ___________.
6. Aus der Luft nehmen die Pflanzen ________________________ (CO_2) auf.
7. Aus ________________________ (CO_2) und ____________ (H_2O) stellen die Pflanzen ____________________ (O_2) und ______________ ($C_6H_{12}O_6$) her.
8. Für diesen Vorgang brauchen die Pflanzen ____________________.
9. Der ganze Vorgang heißt ____________________.
10. Ohne Pflanzen gäbe es nicht genug ________________ (O_2) auf der ________.
11. Pflanzen können noch viele weitere Dinge. Aus Pflanzen lassen sich __________, ______________, ____________ und ______________ machen.
12. Auch sind Pflanzen schöne ______________ und verschönern die ___________.
13. Die Pflanzen helfen den Menschen, sich von Stress und Krankheit zu ___________.
14. Im Weiteren sind die Pflanzen ein Vorbild für ____________________ (Bionik).
15. Aufteilen lassen sich die Pflanzen in _________, _________, _________ und ______________________.
16. Moose haben keine ____________ und keine ___________.
17. Farne besitzen keine __________, haben aber ___________ und ___________.
18. _________ leben im Wasser und in feuchten Gebieten.
19. Die meisten Arten von Pflanzen sind ______________________.
20. Diese Pflanzen besitzen ____________, ____________, ____________ und ___________.
21. _________ wachsen meistens in den Früchten heran.
22. Zwei Beispiele für Früchte sind _________ und _____________.
23. Aus Samen entstehen im Boden neue ______________________.

EINFACH BIOLOGIE
Elementares Wissen in einfacher Sprache leicht und verständlich erklärt (Band 1) – Bestell-Nr. 12 177
KOHL VERLAG

Test 10 **Name** ______________________

Die Pflanzen

EA

Aufgabe: *Schreibe auf: Was kannst du sagen über ...*

1. ... die Pflanzen (allgemein)?
2. ... die Möglichkeiten, was Pflanzen können?
3. ... die Aufteilung der Pflanzen?
4. ... die verschiedenen Teile von Samenpflanzen?

KOHL VERLAG – Lernen mit Erfolg
EINFACH BIOLOGIE
Elementares Wissen in einfacher Sprache leicht und verständlich erklärt (Band 1) – Bestell-Nr. 12 177

Die geschlechtliche Fortpflanzung bei Samenpflanzen

Neue Samenpflanzen entstehen oft so:

1. Tiere (z.B. Bienen), Wind oder Wasser bringen Pollen auf die Narbe der Blüte einer anderen Samenpflanze (= Bestäubung). In Pollen (= Blütenstaub) befinden sich männliche Geschlechtszellen.
2. Aus einem Pollen auf der Narbe wächst ein Pollenschlauch durch den Griffel zu einer weiblichen Geschlechtszelle (= Eizelle).
3. Durch den Pollenschlauch kommt eine männliche Geschlechtszelle zu einer weiblichen Geschlechtszelle.
4. Die männliche Geschlechtszelle verbindet sich mit der weiblichen Geschlechtszelle (= Befruchtung).
5. Daraus wird ein Samen.
6. Der Samen gelangt in den Boden. Ein Beispiel: Ein Landwirt pflanzt den Samen von Gartengemüse (Salat, Erbsen, Karotten usw.) in den Boden.
7. Der Samen wächst im Boden zu einer neuen Samenpflanze heran.

EA

Aufgabe 1: *Trage die Begriffe an die richtige Stelle in der Zeichnung ein.*

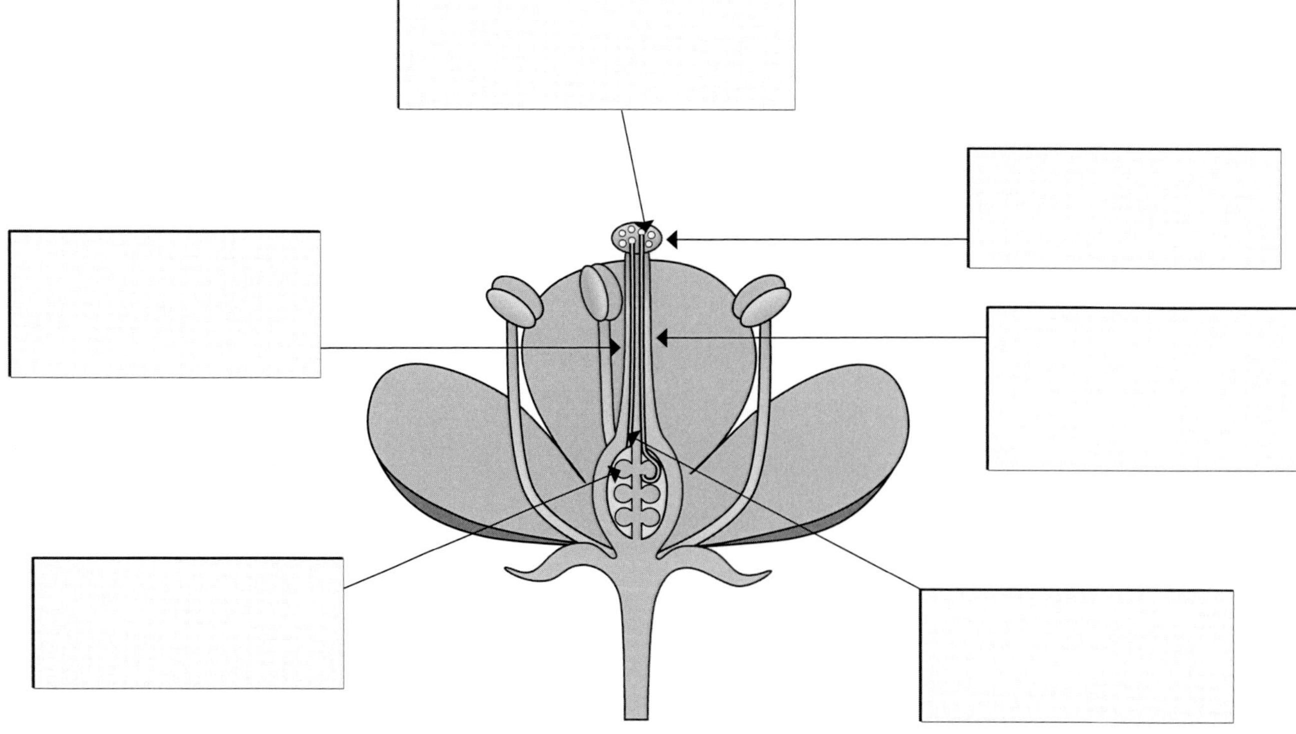

EINFACH BIOLOGIE
Elementares Wissen in einfacher Sprache leicht und verständlich erklärt (Band 1) – Bestell-Nr. 12 177
KOHL VERLAG

Die geschlechtliche Fortpflanzung bei Samenpflanzen

EA

<u>Aufgabe 2</u>: *Beantworte die Fragen.*

a) Was machen Tiere (z.B. Bienen), Wind oder Wasser für die Pflanzen?

____

b) Was befindet sich in den Pollen?

____

____

c) Von wo nach wo wächst ein Pollenschlauch?

____

d) Wodurch kommt eine männliche Geschlechtszelle zu einer weiblichen Geschlechtszelle?

____

e) Was machen die männliche und die weibliche Geschlechtszelle miteinander?

____

f) Was wird aus der Verbindung der männlichen Geschlechtszelle mit der weiblichen Geschlechtszelle?

____

g) Wo wächst eine neue Samenpflanze heran?

____

h) Was brauchst du, wenn du deine eigenen Karotten ernten möchtest?

____

KOHL VERLAG EINFACH BIOLOGIE Elementares Wissen in einfacher Sprache leicht und verständlich erklärt (Band 1) – Bestell-Nr. 12 177

4 Pflanzen

Blumen

Blumen haben Blüten. Eine Blume kann eine oder mehrere Blüten besitzen. Du kannst sagen: Blumen sind schön blühende Pflanzen. An vielen Stellen wachsen Blumen, z.B. in der freien Natur, in Gärten, Parks, Räumen …

Es gibt Blumen mit verschiedenen Farben. Die meisten Blumen riechen gut, sie duften. Sehr klein können Blumen sein, aber auch groß. Im tropischen Regenwald kommen solche Blumen vor. Sie sind über zwei Meter lang.

Einige Blumen blühen in Deutschland im Frühjahr (z.B. Maiglöckchen), viele Blumen im Sommer (z.B. Sonnenblumen), andere im Herbst (z.B. Astern). Manche Blumen blühen sogar im Winter (z.B. Christrosen). Die Rose gilt als die Königin aller Blumen. Blumen bereiten Menschen Freude, u.a. als Geschenke.

EA

Aufgabe 1: *Man sagt: „Lass Blumen sprechen!“ Doch Blumen können nicht wirklich sprechen. Was bedeutet wohl der Spruch?*

____

____

EA

Aufgabe 2: *Kennst du diese Blumen? Ordne zu.*

Maiglöckchen

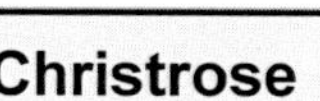

Christrose

Aster

Lavendel

Vergissmeinnicht

EINFACH BIOLOGIE
Elementares Wissen in einfacher Sprache leicht und verständlich erklärt (Band 1) – Bestell-Nr. 12 177

Blumen - Krokusse

EA

Aufgabe 1: *Da stimmt doch etwas nicht. In dem Text haben sich fünf Sinnfehler eingeschlichen. Finde die falschen Aussagen heraus und korrigiere sie.*

Das Bild zeigt die Zeichnung eines Krokusses. Krokusse gehören zu den Spätblühern. Sie heißen deshalb so: Sie blühen früh im Jahr. Krokusse blühen bereits Ende des Winters oder Anfang des Frühlings. Dann liegt vielleicht noch Schnee auf dem Boden. Die Krokusse gelten als die Boten des Herbstes.

Weiß, gelb bzw. lila sehen die Blüten der Krokusse aus. Jede Blüte hat 16 farbige Blütenblätter. Sonst besitzen die Krokusse keine weiteren Blätter. In Gärten, Parks auf Wiesen und an anderen Stellen zeigen sich die Krokusse. Sie wachsen aus ihren Kartoffeln im Boden empor. Die Stängel sind nicht verholzt.

____

____

____

____

____

____

EA

Aufgabe 2: *Beschrifte mit Hilfe des Textes die einzelnen Pflanzenteile?*

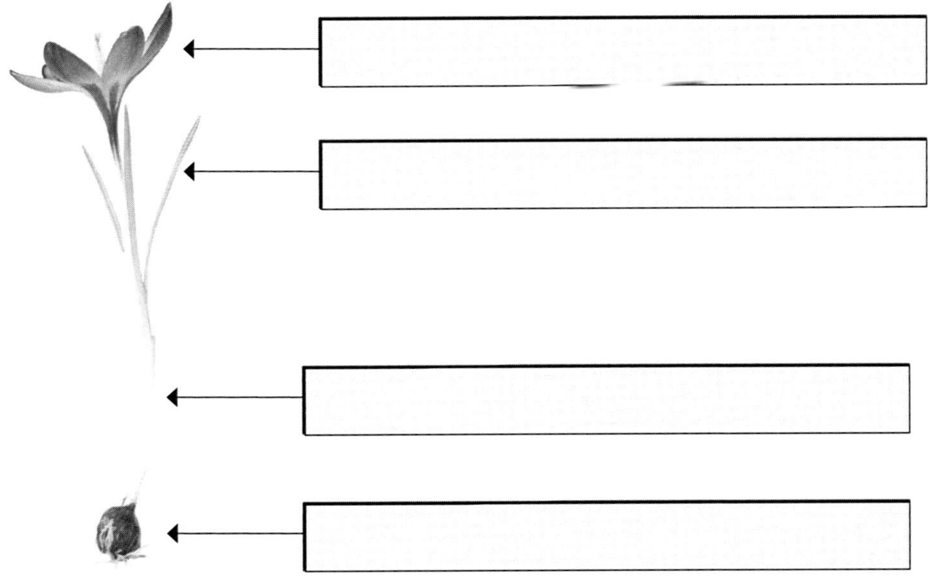

EINFACH BIOLOGIE
Elementares Wissen in einfacher Sprache leicht und verständlich erklärt (Band 1) – Bestell-Nr. 12 177

4 Pflanzen

Getreide

Das Getreide entstand aus Gräsern in der Natur. Menschen züchten Getreide. Im Getreide befinden sich essbare Körner (= Samen). Diese Körner sind sehr wertvoll für die Ernährung von Menschen und Tieren.

Getreide lässt sich z.B. verwenden zur Herstellung von:

- Mehl (u.a. zum Backen von Brot)
- Cornflakes
- Grieß
- Malzkaffee
- Bier
- Tierfutter

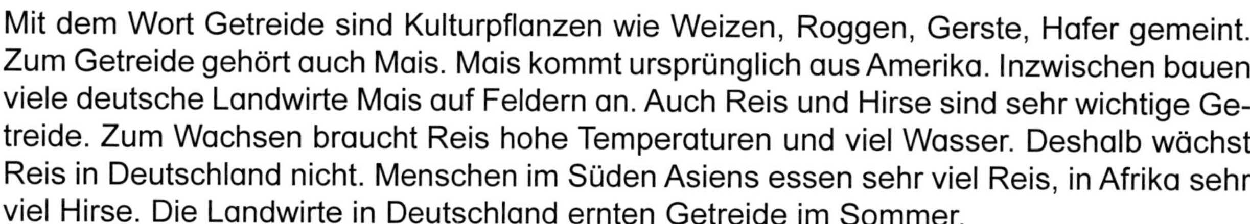

Mit dem Wort Getreide sind Kulturpflanzen wie Weizen, Roggen, Gerste, Hafer gemeint. Zum Getreide gehört auch Mais. Mais kommt ursprünglich aus Amerika. Inzwischen bauen viele deutsche Landwirte Mais auf Feldern an. Auch Reis und Hirse sind sehr wichtige Getreide. Zum Wachsen braucht Reis hohe Temperaturen und viel Wasser. Deshalb wächst Reis in Deutschland nicht. Menschen im Süden Asiens essen sehr viel Reis, in Afrika sehr viel Hirse. Die Landwirte in Deutschland ernten Getreide im Sommer.

Der Aufbau von Getreidepflanzen

Der Stängel (= Sprossachsen) bezeichnet man gewöhnlich als Halme. An den Halmen gibt es Halmknoten. Die Blütenstände heißen bei Weizen, Roggen und Gerste Ähren, bei Hafer Rispen, bei Mais Kolben. Grannen nennt man die nach oben verlaufenden Haare der Blütenstände. Von den Halmen gehen Blätter ab. Die Getreidepflanzen sind durch Wurzeln im Boden verankert. Die Wurzeln besitzen feine Wurzelhaare (= Wurzelhärchen). In den Blütenständen wachsen die Körner (= Samenkörner) heran.

EA

Aufgabe 1: *Was ist was auf dem Bild? Ordne die folgenden Begriffe in der Zeichnung richtig zu. Verbinde mit einem Pfeil.*

Halm

Blatt

Ähre

Grannen

EINFACH BIOLOGIE
Elementares Wissen in einfacher Sprache leicht und verständlich erklärt (Band 1) – Bestell-Nr. 12 177

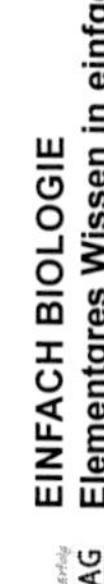

Getreide

EA

Aufgabe 2: *Gerste, Hafer, Hirse Mais, Reis, Roggen oder Weizen – Welches Getreide ist jeweils zu sehen? Einzelne Buchstaben sollen dir helfen.*

		G			

				E	

		R		

			S		

			S

				R

			S

EA

Aufgabe 3: *Beantworte die Fragen.*

a) *Was ist Getreide?*

____

b) *Wozu lässt sich Getreide benutzen?*

____

EINFACH BIOLOGIE
Elementares Wissen in einfacher Sprache leicht und verständlich erklärt (Band 1) – Bestell-Nr. 12 177
KOHL VERLAG

4 Pflanzen

Getreide

EA

Aufgabe 4: *Setze die folgenden 10 Wörter als Satzanfänge in den anschließenden 10 Sätzen an der jeweils richtigen Stelle ein.*

Bei • Die • Es • Getreide • Im • Landwirte
Mehr • Nur • Wintergetreide • Zwischen

a) _________ als die Hälfte aller Nahrungsmittel stellt man aus Getreide her.

b) ________________ enthält unter anderem Kohlenhydrate, Eiweiße, Fettsäuren, Vitamine und Mineralstoffe.

c) ________________ Sommergetreide und Wintergetreide lässt sich unterscheiden.

d) ____________________ säen die Körner von Sommergetreide im Frühjahr aus.

e) _____ nachfolgenden Sommer ernten die Landwirte das gewachsene Sommergetreide.

f) _______ Wintergetreide erfolgt die Aussaat im Herbst.

g) _______ Ernte geschieht im nächsten Jahr im Sommer.

h) _____ gibt Winterweizen und Sommerweizen, Winterroggen und Sommerroggen, Wintergerste sowie Sommergerste.

i) _______ Sommerhafer existiert bei Hafer.

j) ________________________________ erbringt aufgrund längeren Wachstums, durch mehr Feuchtigkeit und mehr Frühlingswärme gewöhnlich (viel) höhere Erträge als Sommergetreide.

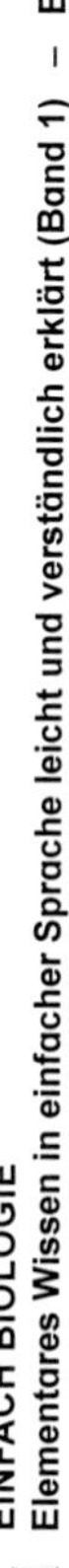
EINFACH BIOLOGIE
Elementares Wissen in einfacher Sprache leicht und verständlich erklärt (Band 1) – Bestell-Nr. 12 177
KOHL VERLAG

4 Pflanzen

Bäume

EA

Aufgabe 1: *Setze diese Wörter in den folgenden Sätzen an der richtigen Stelle ein:*

Eichen • Lärchen • Winter • alt • Linden
Nadelbäume • Kiefern • Blätter • Frühjahr • Nadeln

Bäume sind sehr große Pflanzen. Diese Pflanzen können sehr ______ werden. Man unterscheidet Laubbäume und ____________________. Laubbäume haben ______________, Nadelbäume nicht. Zu den Laubbäumen gehören Buchen, ____________, Kastanien, ____________, Birken ... Im ________________ bekommen die Laubbäume neue Blätter. Laubbäume verlieren im Herbst ihre Blätter (= Laub). Nadelbäume besitzen ____________. Nadelbäume sind Tannen, ______________, Fichten, ______________ oder Eiben. Die allermeisten Nadelbäume behalten im ganzen Jahr ihre Nadeln. Nur die Lärchen werfen im ____________ ihre Nadeln ab.

EA

Aufgabe 2: *Ordne die Satzanfänge den passenden Satzendungen zu. Die Silben ergeben der Reihe nach gelesen den Namen der größten und ältesten Bäume der Welt.*

- (M) Im Stamm der Bäume wird ...
- (M) Wurzeln dienen vor allem ...
- (U) Die Rinde schützt den Baum ...
- (B) Bäume nehmen CO_2 auf ...
- (U) In den Blättern findet ...

LÖSUNGSWORT: _ _ _ _ _ _ _ _ _ _

- (T) ... die Fotosynthese statt.
- (M) ... der Stabilisierung der Bäume.
- (A) ... Wasser nach oben transportiert.
- (A) ... und geben O_2 nach außen ab.
- (M) ... vor Schädlingen und Austrocknung.

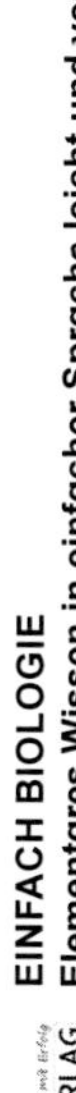

EINFACH BIOLOGIE
Elementares Wissen in einfacher Sprache leicht und verständlich erklärt (Band 1) – Bestell-Nr. 12 177

Bäume - Laubbäume und Nadelbäume

Aufgabe 1: *Ordne den Laubbäumen jeweils den passenden Namen und die passende Frucht zu. Benutze Farben zur Unterscheidung.*

Kastanie | Linde | Birke | Buche | Eiche

Aufgabe 2: *Ordne den Nadelbäumen jeweils den passenden Namen und die passenden Zapfen zu. Benutze Farben zur Unterscheidung.*

Lärche | Fichte | Tanne | Eibe | Kiefer

4 Pflanzen

Bäume - Laubbäume und Nadelbäume

Eichen kommen in Deutschland oft vor. Ungefähr 10% der deutschen Bäume sollen Eichen sein. Sie können groß und mächtig mit einem dicken Stamm werden. Die Eiche gilt als Zeichen (Sinnbild) für Kraft und Stärke.

Über 1000 Jahre alt sind einige, allerdings wenige Eichen. Das Holz der Eichen ist sehr hart. Aus dem Holz von Eichen stellt man unter anderem Möbel her. Die Früchte der Eichen heißen Eicheln. Diese sehen ähnlich aus wie kleine Nüsse. Schweine und Wildtiere fressen die Eicheln gern. Kleine Kinder basteln im Herbst mit Eicheln.

EA

Aufgabe 3: *Vielleicht weißt du schon einige Dinge über die Fichten. Verbinde die Satzanfänge mit den passenden Endungen und erfahre noch mehr Informationen zu diesen Nadelbäumen.*

Satzanfänge	
1.	Etwa 25% aller Bäume in Deutschland ...
2.	Damit kommen die Fichten ...
3.	Im Vergleich zu anderen Bäumen ...
4.	Die Wurzeln der Fichten verlaufen ...
5.	Fichten gehören zu ...
6.	Aus dem Holz von Fichten macht(e) ...
7.	Die Fichten besitzen spitze ...
8.	Die Zapfen hängen an den ...
9.	Eine Höhe von bis zu etwa 60 ...
10.	Stürme und Orkane können Fichten ...

Satzenden	
a)	... nicht tief in den Boden.
b)	... man unter anderem Möbel, Papier, Brennholz.
c)	... als häufigste Bäume bei uns vor.
d)	... Ästen nach unten.
e)	... leichter umstürzen als manche andere Bäume.
f)	... sind derzeit Fichten.
g)	... Metern sollen Fichten erreichen können.
h)	... Nadeln und Zapfen.
i)	... wachsen Fichten sehr schnell.
j)	... den Flachwurzlern.

EA

Aufgabe 4: *Schreibe die 10 Sätze nun richtig in dein Heft.*

4 Pflanzen

Warum verlieren Laubbäume im Herbst ihre Blätter, die allermeisten Nadelbäume ihre Nadeln aber nicht?

Laubbäume geben mehr Wasser ab als Nadelbäume. Die Laubbäume und Nadelbäume brauchen aber auch im Winter Wasser. Im Herbst verschließen die Laubbäume all ihre Öffnungen nach draußen. Damit erreichen die Laubbäume, dass kein Wasser mehr die Bäume verlässt. Dies führt dazu: Die Blätter sterben ab und fallen (vor allem durch den Wind) auf den Boden.

Die Nadeln der Nadelbäume sind bei Weitem nicht so groß wie die Blätter der Laubbäume. Deshalb haben die Nadelbäume nicht so viele Öffnungen nach außen. Außerdem befindet sich auf den Nadeln eine Schicht aus Wachs oder Harz. Darum kann aus den Nadelbäumen bei Weitem nicht so viel Wasser austreten (= verdunsten). Somit behalten die allermeisten Nadelbäume auch im Winter ihre grünen Nadeln.

EA

Aufgabe 1: *Welche der folgenden Sätze sind richtig, welche sind falsch?*

		Richtig	Falsch
1	Nadelbäume geben mehr Wasser ab als Laubbäume.		
2	Bäume benötigen auch im Winter Wasser.		
3	Die Laubbäume machen im Herbst ihre Öffnungen nach draußen zu.		
4	Die Blätter haben im Winter und Herbst genug Wasser zum Leben.		
5	Die Nadeln der Nadelbäume sind viel kleiner als die Blätter der Laubbäume.		
6	Nadelbäumen fehlt eine Schicht aus Wachs und Harz.		
7	Bei Nadelbäumen verdunstet mehr Wasser als bei Laubbäumen.		
8	Die Nadelbäume haben auch im Winter grüne Nadeln.		

EA

Aufgabe 2: *Verbessere jetzt die falschen Sätze!*

____

____

____

____

EINFACH BIOLOGIE
Elementares Wissen in einfacher Sprache leicht und verständlich erklärt (Band 1) – Bestell-Nr. 12 177

Wälder

Wälder sind große Flächen mit sehr vielen Bäumen. Urwälder entstanden durch die Natur. Es gibt tropische Regenwälder vor allem an und in der Nähe des Äquators. In den tropischen Regenwäldern ist es heiß und es regnet oft. Dort wachsen die meisten Pflanzen auf der Erde.

Doch Menschen zerstören seit langem immer mehr Urwälder (z.B. in Brasilien) durch Rodung. Dabei sind u.a. tropische Regenwälder besonders wichtig: Sie nehmen ganz viel Kohlenstoffdioxid auf und produzieren reichlich Sauerstoff. Die Wälder helfen wesentlich dabei, dass das Klima auf der Erde nicht noch wärmer wird.

EA

Aufgabe 1: *Schreibe die Sätze sinnvoll zu Ende. Nutze den Text.*

a) In Wäldern ______________________________.

b) Durch die Natur ______________________________.

c) Tropische Regenwälder ______________________________.

d) In tropischen Regenwäldern ______________________________.

e) Durch Rodung ______________________________.

f) Besonders wichtig an Wäldern ist es: ______________________________

______________________________.

EINFACH BIOLOGIE
Elementares Wissen in einfacher Sprache leicht und verständlich erklärt (Band 1) – Bestell-Nr. 12 177
KOHL VERLAG

Wälder

EA

Aufgabe 2: *In Deutschland kommen vor: Laubwälder, Nadelwälder und Mischwälder. Beantworte die Fragen.*

a) Wie heißen fünf Bäume, die in deutschen Laubwäldern stehen?

____

b) Wie heißen fünf Bäume, die in deutschen Nadelwäldern stehen?

____

c) Was bedeutet die Bezeichnung „Mischwald"?

____

d) In welchen Wäldern leben mehr Tiere und Pflanzen?

____

e) Welchen Nutzen bieten Wälder noch?

____

In Deutschland bestehen etwa 30% der gesamten Fläche aus Wäldern. Auch bei uns gab es früher viel mehr Waldflächen als heute. Doch die Menschen holzten im Laufe der Zeit zahlreiche Wälder ab. Die Leute nutzten das Holz zum Bau von Häusern, Schiffen und etlichen anderen Dingen. Inzwischen hegt und pflegt man die deutschen Wälder besser.

Aufgabe 3: *Welche Gedanken hast du beim Anblick der beiden Bilder? Wann hast du das letzte Mal einen Waldspaziergang gemacht? Wie fühlst du dich, wenn du im Wald bist? Schreibe deine Gedanken in dein Heft.*

EINFACH BIOLOGIE
Elementares Wissen in einfacher Sprache leicht und verständlich erklärt (Band 1) – Bestell-Nr. 12 177

Test 11 **Name** ______________________

Pflanzen (II)

EA

Aufgabe: *Setze in den folgenden Sätzen die fehlenden Wörter ein!*

1. Tiere, Wasser oder ____________ bringen Pollen auf die Narben von ______________.

2. Ein anderes Wort für Pollen ist ______________________.

3. In den Pollen befinden sich männliche ________________________________.

4. Durch ______________________________ kommen männliche ______________________________ zu den weiblichen.

5. Bei der ______________________ verbindet sich eine männliche mit einer weiblichen Zelle.

6. Nach der Befruchtung entsteht ein ______________.

7. Blumen sind _________________ blühende Pflanzen.

8. Sie haben eine oder mehrere _________________.

9. Im Frühling blühen z.B. die ________________________, im Sommer die ______________________, im Herbst die _______________, im Winter die ______________________.

10. Als Königin der Blumen gilt die ___________________.

11. Getreide ernährt _________________ und __________________.

12. Es ist z.B. enthalten im _________________.

13. Landwirte in Deutschland bauen diese Getreide an: _______________, _______________, ______________, ______________, ______________.

14. Zwei weitere Getreide heißen _____________ und ____________.

15. Bäume sind _______________ Pflanzen.

16. Sie können sehr ____________ werden.

17. Drei Beispiele für Laubbäume sind: _________________, __________________, __________________.

18. Drei Beispiele für Nadelbäume sind: __________________, __________________, __________________.

19. Die __________________ verlieren im ____________ ihre Blätter.

20. Fast alle ____________________ behalten das ganze Jahr ihre Nadeln.

21. Die Laubbäume geben ____________ Wasser als die ____________________.

22. Die meisten Pflanzen gibt es in den tropischen ______________________.

23. In Deutschland lassen sich diese drei Arten von Wäldern unterscheiden: ____________________, ______________________ und ______________________.

24. Bäume und Wälder geben Menschen u.a. ____________________.

25. Auch sorgen Bäume und Wälder für ein angenehmes Klima und ________________.

KOHL VERLAG EINFACH BIOLOGIE Elementares Wissen in einfacher Sprache leicht und verständlich erklärt (Band 1) – Bestell-Nr. 12 177

Test 12 Name ______________________

Pflanzen (II)

EA

Aufgabe: *Schreibe auf: Was kannst du sagen über ...*

1. ... die geschlechtliche Fortpflanzung von Samenpflanzen?

2. ... die Blumen?

3. ... Getreide?

4. ... Bäume und Wälder?

KOHL VERLAG
EINFACH BIOLOGIE
Elementares Wissen in einfacher Sprache leicht und verständlich erklärt (Band 1) – Bestell-Nr. 12 177

5 Pilze

Pilze wachsen an verschiedenen Stellen (z.B. in Wäldern). Die Pilze bewegen sich nicht. Deshalb glauben viele Menschen auch: Pilze sind Pflanzen.

Doch Pilze gelten ***nicht*** als Pflanzen. Weshalb? Pilze brauchen fremde Nahrung. Die können keine eigene Nahrung herstellen. Die Pilze können nicht – wie Pflanzen – die Fotosynthese durchführen. Pilze bilden daher ein eigenes Reich.

Über 3.000.000 verschiedene Arten der Pilze soll es weltweit geben. Du musst wissen: Es gibt essbare Pilze und teilweise sehr giftige Pilze. Durch das Essen von giftigen Pilzen kannst du sterben.

Sehr giftige, gefährliche Pilze sind:

Pilze zum Essen

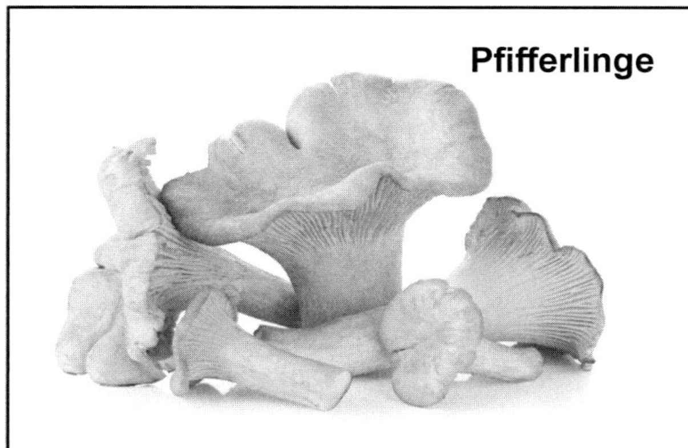

KOHL VERLAG EINFACH BIOLOGIE Elementares Wissen in einfacher Sprache leicht und verständlich erklärt (Band 1) – Bestell-Nr. 12 177

5 Pilze

EA

Aufgabe 1: *Früher wurden Pilze zu den Pflanzen gezählt. Mittlerweile bilden sie ein eigenständiges Reich. Worin unterscheiden sich Pilze von Pflanzen?*

____

____

____

Zusatz: *Löse das Kreuzworträtsel zu den Pilzen und finde das Lösungswort. Nutze das Internet oder Bücher als Hilfe.*

Ganz schön knifflig! Arbeite im Team.

a) Kopf des Speisepilzes
b) Dieser Pilz wird in der Bäckerei benötigt.
c) Ein sehr guter Speisepilz
d) *Penicillium notatum* ist ein wichtiger Pilz in der...
e) Der Verzehr der Knollenblätterpilze kann ... enden
f) Der Zunderschwamm wurde früher benutzt um ... zu machen.
g) „Magic Mushrooms" sind Pilze, die ... wirken.
h) Verdorbene Lebensmittel sind befallen vom...
i) Alkoholisches Getränk mit „Pilzbeteiligung"

a) H
e) T g) P b) H
d) M f) F
i) B c) C
h) S

LÖSUNGSWORT: _ _ _ _ _ _ _ _ _ _
1 2 3 4 5 6 7 8 9 10

Ö = Ö

Der in Indonesien beheimatete *Galerina suliceceps* gehört in diese Pilzgruppe der und gilt laut Guinness-Buch der Rekorde als giftigster Pilz der Welt. Der Verzehr dieses Pilzes endet in den allermeisten Fällen tödlich.

EINFACH BIOLOGIE
Elementares Wissen in einfacher Sprache leicht und verständlich erklärt (Band 1) – Bestell-Nr. 12 177
KOHL VERLAG

6 Mein Biologie-Wörterbuch

Hier kannst du wichtige Begriffe aufschreiben. Suche jeweils eine passende, kurze Erklärung zu den Begriffen.

Fachwörter	Erklärungen

KOHL VERLAG
EINFACH BIOLOGIE
Elementares Wissen in einfacher Sprache leicht und verständlich erklärt (Band 1) – Bestell-Nr. 12 177

Lösungen

1

Übersicht

Aufgabe 1:

Biologie: In Biologie sprechen wir über Lebewesen in der Natur. Es geht um Menschen, Tiere und Pflanzen.

Chemie: In Chemie sprechen wir über Stoffe und ihre Veränderungen, Umwandlungen. Es geht um Sauerstoff, Stickstoff, Wasserstoff, Kohlenstoff, Schwefel, Uran ...

Physik: In Physik sprechen wir über nicht lebendige Dinge in der Natur. Es geht um Wärme, Kälte, Kräfte, Energie, Schall, Magnetismus, Elektrizität ...

Das Gegenteil zu den Naturwissenschaften sind die Geisterwissenschaften. Dazu gehören die Sprachen, Geschichte, Religion, Kunst, Musik ...

2

Einführung

Aufgabe 1:

		Richtig	Falsch
1.	Auf der Erde kommen Menschen viel länger vor als Tiere.		X
2.	Die Menschen sind die am höchsten entwickelten Lebewesen.	X	
3.	Die Menschen können weniger als andere Lebewesen.		X
4.	Der Mensch stammt vom Affen ab.		X
5.	Die ersten Menschen lebten in Afrika.	X	
6.	Aus sehr vielen kleinen Zellen besteht der Körper des Menschen.	X	
7.	Ständig sterben Zellen des Körpers ab und werden durch neue Zellen ersetzt.	X	
8.	Beim Menschen ist etwa die Hälfte des Körpers Wasser.		X

Aufgabe 2:

1 Auf der Erde kommen Tiere viel länger vor als Menschen.
3 Die Menschen können viel mehr als andere Lebewesen.
4 Der Mensch und Affen haben gemeinsame tierische Vorfahren.
8 Beim Menschen bestehen über 60 % des Körpers aus Wasser.

Aufgabe 3: Individuelle Lösungen

Körperteile des Menschen

Aufgabe 1:

a) Das Skelett stützt und schützt den Körper.
b) Das Gehirn denkt und lenkt den Menschen.
c) Die Nerven geben Informationen weiter.
d) Das Herz pumpt Blut durch die Adern.
e) Das Blut transportiert Nährstoffe und Sauerstoff.
f) Die Lunge nimmt Sauerstoff auf.
g) Der Magen macht das Essen noch kleiner.
h) Die Leber produziert Saft für den Magen.
i) Die Nieren reinigen das Blut.
j) Die Haut fühlt Schmerzen und Temperaturen.

Aufgabe 2:

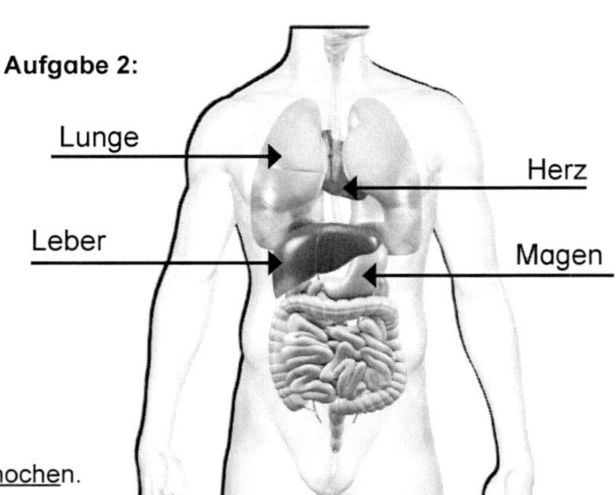

Das Skelett

Aufgabe 1:

a) Das Skelett setzt sich zusammen aus sehr vielen Knochen.
b) Erwachende Menschen besitzen über 200 Knochen.
c) Babys haben mehr als 300 Knochen.
d) Durch das Skelett bekommt der Körper Halt und Schutz.
e) Die Wirbelsäule hält den Körper aufrecht.
f) Gelenke verbinden die Knochen zur Bewegung.
g) Zu den Gelenken gehören Kniegelenke, Ellenbogengelenke, Fingergelenke.
h) Über 100 Gelenke hat der Mensch.
i) Bänder geben den Gelenken Halt, Sehnen verbinden Muskeln und Knochen.
j) Ungefähr 650 Muskeln besitzt der Mensch.
k) Die Muskeln bewegen die Knochen.
l) Ein anderes Wort für das Skelett ist das Knochengerüst.

Die Sinnesorgane

Aufgabe 1:

a) Die Sinnesorgane sind sehr wichtig für den Menschen.
b) Die Augen, die Ohren, die Nase, die Zunge und die Haut sind die fünf Sinnesorgane.
c) Die Augen sehen.
d) Die Ohren hören.
e) Die Nase riecht.
f) Die Zunge schmeckt.
g) Die Haut fühlt.
h) Die Sinnesorgane merken Dinge (= Reize) in der Umgebung.
i) In den Sinnesorganen befinden sich kleine Sinneszellen.
j) Die Sinnesorgane leiten durch die Nerven Informationen an das Gehirn.

KOHL VERLAG EINFACH BIOLOGIE Elementares Wissen in einfacher Sprache leicht und verständlich erklärt (Band 1) – Bestell-Nr. 12 177

Lösungen

2 **Aufgabe 2:**

die Nase

die Ohren

die Zunge

die Haut

die Augen

Die Sinnesorgane – Nase

Aufgabe 1:

a) Die Menschen benutzen die Nase zum Atmen und Riechen.
b) Die Haut im Inneren der Nase ist schleimig (= Schleimhaut).
c) Zwischen der Schleimhaut befinden sich kleine Haare (= Härchen).
d) Die Schleimhaut und die Härchen säubern die eingeatmete Luft und feuchten sie an.
e) Auch wärmt die Nase die eingeatmete Luft vor.
f) Im oberen Teil der Nasenhöhle liegt das Riechfeld (= Geruchsfeld).
g) Das Riechfeld besitzt ebenfalls eine Schleimhaut.
h) Im Riechfeld gibt es sehr viele winzige Riechzellen.
i) Diese erfassen die Gerüche und melden sie durch Nerven dem Gehirn.
j) Zahlreiche Menschen sollen bis zu ca. 4000 Gerüche unterscheiden können.

Die Sinnesorgane – Zunge

Aufgabe 1: Individuelle Lösungen

Die Sinnesorgane – Auge

Aufgabe 1: d), b), e), g), i), h), j), a), f), c)

Aufgabe 2: Im „Blinden Fleck“ liegen keine Sehzellen. Hier geht die Netzhaut in den Sehnerv über. An dieser Stelle kann nicht gesehen werden. Das Gehirn gleicht diese blinde Zone aus.

Die Sinnesorgane – Ohr

Aufgabe 1: a 1 • b 6 • c 3 • d 2 • e 4 • f 5

Aufgabe 2: Individuelle Lösungen

Die Sinnesorgane – Haut

Aufgabe 1: ***Falsche Textstelle unterstreichen und bereits korrigiert:***

Das größte Sinnesorgan ist die Haut. Sie spürt unter anderem Kälte, Wärme, Druck, Schmerzen und Berührung. In der Haut sind ganz viele Sinneszellen vorhanden, sie reagieren auf Kälte, Wärme und Druck. Aus mehreren Schichten besteht die Haut. An den Fußsohlen ist die Haut verhältnismäßig dick. Die sehr kleinen Öffnungen der Haut nennt man Poren. Durch Schweiß sorgt die Haut für Abkühlung. Bei Kälte verengen sich die Blutgefäße in der Haut. Die (dunkelbraunen) Farbstellen der Haut heißen Pigmente. Die Menschen sollten ihre Haut regelmäßig pflegen.

Aufgabe 2:

	Wahrnehmung	Sinnesorgan
1	Es ist kalt.	Haut
2	Die Blumen duften.	Nase
3	Einige Vögel zwitschern.	Ohr
4	Am Himmel blitzt es.	Augen
5	Jemand klopft an der Tür.	Ohr
6	Der Kaffee ist zu süß.	Zunge
7	Die Wunde schmerzt.	Haut
8	Das ist ein ekliger Geruch.	Nase
9	Hell leuchtet der Mond.	Augen
10	Das Essen hat einen salzigen Geschmack.	Zunge

Die Verdauung

Aufgabe 1+2:

Zuerst kommt das Essen in den Mund.
Die Zähne und die Zunge machen das Essen kleiner.
Dann geht das Essen in den Rachen.
Danach erreicht das Essen die Speiseröhre.
Der Magen verarbeitet das Essen noch weiter.
Jetzt ist das Essen im Zwölffingerdarm.
Im Dünndarm nimmt das Blut die Nährstoffe auf.
Im Dickdarm verliert der Rest des Essens Wasser.
Der Rest des Essens kommt im Enddarm an.
Der After drückt den Kot aus dem Körper heraus.

EINFACH BIOLOGIE
Elementares Wissen in einfacher Sprache leicht und verständlich erklärt (Band 1) – Bestell-Nr. 12 177

Lösungen

2

TEST 1

1. Von allen Lebewesen sind die Menschen am höchsten entwickelt.
2. Menschen und Affen entwickelten sich aus gemeinsamen tierischen Vorgängern.
3. Die ersten Menschen lebten in Afrika.
4. Der Körper des Menschen hat ganz viele sehr kleine Zellen.
5. Mehr als 60 % des menschlichen Körpers bestehen aus Wasser.
6. Das Skelett stützt und schützt den Körper.
7. Das Herz pumpt Blut durch die Adern.
8. Die Lunge nimmt Sauerstoff auf.
9. Das Blut transportiert Nährstoffe und Sauerstoff.
10. Die Nieren reinigen das Blut.
11. Über 200 Knochen hat der erwachsene Mensch.
12. Die Wirbelsäule hält den Körper des Menschen aufrecht.
13. Auch besitzt der Mensch mehr als 100 Gelenke.
14. Etwa 650 Muskeln befinden sich im Körper des Menschen.
15. Ein anderes Wort für das Skelett heißt das Knochengerüst.
16. Der Mensch hat fünf Sinnesorgane.
17. Mit den Augen sieht der Mensch.
18. Die Nase riecht.
19. Die Ohren hören.
20. Die Zunge schmeckt.
21. Die Haut fühlt.
22. Die Verdauung beginnt im Mund.
23. Von der Speiseröhre kommt das Essen in den Magen.
24. Im Dünndarm nimmt das Blut die Nährstoffe auf.
25. Der After drückt den Kot aus dem Körper heraus.

TEST 2 **1. bis 4.** Individuelle Lösungen

Die Atmung

Aufgabe 1: Der Mensch nimmt Sauerstoff aus der Luft durch die Atmungsorgane in die Lunge auf. Dort wird der Sauerstoff im Körper verteilt und verbraucht. Das im Körper gebildete Kohlendioxid, ein giftiges Gas, wird über die Lunge wieder vom Körper abgegeben.

Aufgabe 2: Grüne Pflanzen nehmen unser ausgeatmetes Kohlenstoffdioxid auf, bauen es wieder zu Sauerstoff um und geben es wieder ab. Pflanzen und Tiere/Menschen bilden dadurch einen Kreislauf.

Atmung - Der Weg der Luft beim Atmen

Aufgabe 1:

a) Zuerst atmet der Mensch durch die Nase oder den Mund Luft ein.
b) Dann kommt die Luft in den Rachen und passiert den Kehldeckel.
c) Danach gelangt die Luft in den Kehlkopf.
d) Anschließend strömt die Luft durch die Luftröhre. Das ist ein Schlauch, der sich kurz vor der Lunge aufgabelt.
e) Darauf geht die Luft in die Lunge. Dieses Organ setzt sich aus einer Vielzahl kleinster Bläschen zusammen. Das Organ besteht aus zwei Flügeln, die den Großteil des Brustkorbes ausfüllen.
f) Schließlich nimmt das Blut in der Lunge den Sauerstoff aus der Luft auf und verteilt ihn im Körper.

Aufgabe 2: Die Nase reinigt die Luft von Staub, feuchtet sie an und wärmt sie etwas vor. Das ist gut für die Lunge. Beim Atmen durch den Mund kommt die Luft ungefiltert und recht trocken in die Lunge. Hier ist der Weg für Krankheitserreger offen.

Das Blut

Aufgabe 1:

a) Der Mensch hat ca. fünf bis sieben Liter Blut.
b) Das Blut fließt in Adern (Arterien und Venen).
c) Das Herz pumpt das Blut wie eine Pumpe.
d) Die Arterien bringen das Blut vom Herz weg.
e) Die Venen bringen das Blut zum Herz zurück.
f) In den Arterien ist mehr Sauerstoff.
g) Das Blut trägt Sauerstoff, Nährstoffe und andere Stoffe.
h) Der kleine Blutkreislauf verläuft zwischen der Lunge und dem Herz.
i) Der große Blutkreislauf geht durch den ganzen Körper.
j) Die vier Blutgruppen heißen A, B, AB und 0 (Null).
k) Individuelle Lösungen!

Die Entstehung von Babys

Aufgabe 1:

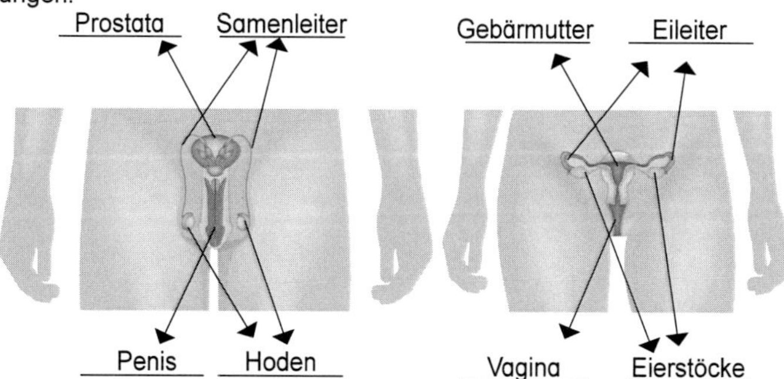

Aufgabe 2: Lösungswort: **SPERMIEN**

EINFACH BIOLOGIE
Elementares Wissen in einfacher Sprache leicht und verständlich erklärt (Band 1) – Bestell-Nr. 12 177
KOHL VERLAG

Lösungen

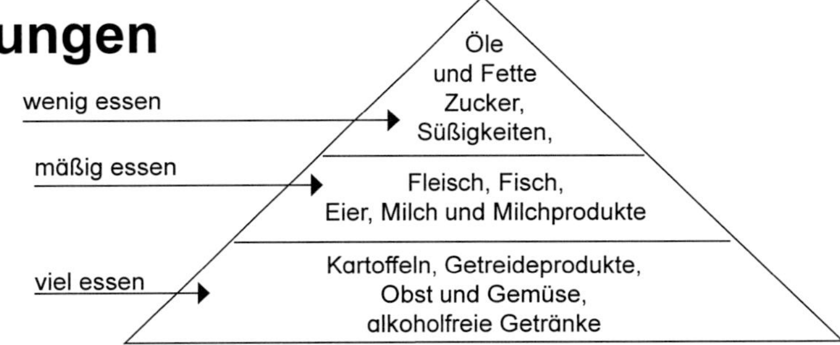

2 Gesundheit

Aufgabe 1: individuelle Lösungen, bspw. Obst und Gemüse essen, oder in die Saune gehen

Aufgabe 2: **siehe Pyramide rechts**

TEST 3

1. Atmung heißt Luft aufnehmen (= einatmen) und abgeben (= ausatmen)
2. Die Luft besteht zu etwa 78 % aus Stickstoff und zu 21 % aus Sauerstoff.
3. Beim Einatmen kommt die Luft zuerst in den Mund oder in die Nase.
4. Durch die Luftröhre und die Bronchien gelangt die Luft in die Lunge.
5. In der Lunge geht der Sauerstoff in das Blut.
6. Der Mensch atmet u.a. das für ihn schädliche Kohlenstoffdioxid aus.
7. Ungefähr fünf bis sieben Liter Blut hat der erwachsene Mensch.
8. In den Arterien fließt das Blut vom Herz weg.
9. In den Venen kommt das Blut zum Herz zurück.
10. Der kleine Blutkreislauf verläuft zwischen der Lunge und dem Herz.
11. Der große Blutkreislauf erstreckt sich durch den ganzen Körper.
12. Die vier verschiedenen Blutgruppen heißen A, B, AB und Null.
13. Durch den ungeschützten Geschlechtsverkehr können Babys entstehen.
14. Dabei kommt der Penis (= Glied) des Mannes in die Vagina (= Scheide) der Frau.
15. Eine Eizelle verbindet sich mit einer Samenzelle.
16. Die Schwangerschaft einer weiblichen Person dauert ca. 9 Monate.
17. Ein werdendes Baby wächst in einer Fruchtblase in der Gebärmutter heran.
18. Die Wehen leiten die Geburt ein. Die Frau hat dabei starke Schmerzen.
19. Die Menschen sollten mäßig und regelmäßig essen.
20. Du solltest täglich genügend Flüssigkeit trinken.
21. Körperliche Bewegung (Sport …) ist gut für die Gesundheit.
22. Alkohol, Zigaretten und andere Drogen schaden der Gesundheit.
23. Auch das Essen von zu viel Zucker und Fett ist schädlich für die Menschen.
24. Dagegen ist es gesund, viel Gemüse und Obst zu essen.
25. Stress kann krank machen.

TEST 4 **1. bis 4.** Individuelle Lösungen

3 Überblick

Aufgabe 1: Lösungswort: **STACHELSCHWANZWARANE**

Aufgabe 2:

1. Tiere gehören zu den Lebewesen.
2. Es gab Tiere viel früher als Menschen.
3. Einige Tiere werden sehr alt (z.B. große Schildkröten).
4. Andere Tiere sterben schon sehr schnell (z.B. Fliegen).
5. Man unterscheidet Wirbeltiere und wirbellose Tiere.
6. Der Elefant z.B. ist ein Wirbeltier.
7. Die Biene ist ein wirbelloses Tier.
8. Die allermeisten Tiere sind wirbellose Tiere.
9. Du kannst die Wirbeltiere in fünf Klassen trennen.
10. Diese heißen Säugetiere, Vögel, Kriechtiere, Lurche und Fische.

Welches Tier lebt wo?

Aufgabe 1:

Arktis	Europa	Amerika	Asien	Afrika	Australien	Antarktis
Eisbär	Luchs	Gürteltier	Ind. Elefant	Zebra	Schnabeltier	Königspinguin
Polarfuchs	Steinbock	Grizzlybär	Tiger	Giraffe	Känguru	Pelzrobbe
Rentier	Dachs	Kolibri	Panda	Schimpanse	Wellensittich	Orca
Narwal	Murmeltier	Klapperschlange	Yak	Löwe	Koala	Albatros

EINFACH BIOLOGIE
Elementares Wissen in einfacher Sprache leicht und verständlich erklärt (Band 1) – Bestell-Nr. 12 177
KOHL VERLAG

Lösungen

3

Tiere - ein Überblick

Aufgabe 1:

Säugetiere	Vögel	Kriechtiere	Lurche	Fische	Wirbellose Tiere
Blauwal	Adler	Eidechse	Erdkröte	Hai	Biene
Elefant	Huhn	Kobra	Frosch	Hecht	Oktopus
Gorilla	Pinguin	Krokodil	Olm	Karpfen	Qualle
Känguru	Strauß	Schildkröte	Unke	Lachs	Regenwurm
Wolf	Taube	Waran	Salamander	Seepferdchen	Schmetterling

Säugetiere

Aufgabe 1:

a) Die Säugetiere heißen deshalb so:
b) Die Muttertiere säugen die sehr jungen Säugetiere nach der Geburt.
c) Säugetiere leben auf dem Land und im Wasser.
d) Auch die Meeressäugetiere (= Meeressäuger) atmen mit der Lunge.
e) Zu den Meeressäugern gehören u.a. Wale, Delfine und Robben.
f) Manche Säugetiere machen Winterschlaf (Igel, Fledermäuse, Hamster ...)
g) Einige Säugetiere halten Winterruhe (Eichhörnchen, Dachse, Bären ...)
h) Viele Säugetiere haben ein Fell und/oder Haare.
i) In Australien gibt es Schnabeltiere und Ameisenigel.
j) Die weiblichen Schnabeltiere und Ameisenigel sind die einzigen Säugetiere, die Eier legen. Diese Tiere säugen ebenfalls ihren Nachwuchs.

Aufgabe 2: Individuelle Lösungen, z.B.
- Katzen gehören zu den Raubtieren
- Katzen schleichen sich an ihre Opfer heran
- Katzen sind Einzelgänger

Aufgabe 3: Individuelle Lösungen

Säugetiere - Wale

Aufgabe 1: Weibliche Wale säugen ihre Jungen mit Muttermilch. Im Gegensatz zu den Fischen besitzen Wale keine Kiemen, sondern Lungen. Das heißt: Zum Luftholen müssen die Wale aus dem Wasser auftauchen.

Aufgabe 2: Wale sind sehr groß und bieten als Nahrung für Menschen ganz viel Fleisch. Zudem enthält der Körper der Wale flüssiges Fett (= Tran). Man machte früher aus Walknochen u.a. Werkzeuge.

Aufgabe 3: Individuelle Lösungen

Aufgabe 4: Individuelle Lösungen

Säugetiere - Schnabeltiere

Aufgabe 1: Bei den Säugetieren gibt es keine giftigen Vertreter mit Ausnahme der Schnabeltiere. Sie haben einen Giftstachel an den Hinterbeinen, mit denen sie auch einem Menschen eine sehr schmerzhafte Verletzung zufügen können.

Aufgabe 2: Individuelle Lösungen

Vögel

Aufgabe 1:

a) Die meisten Vögel können fliegen. Strauße, Pinguine und Kiwis z.B. können dies nicht.
b) Die Vögel besitzen Federn, zwei Flügel und einen Schnabel.
c) Ihre Knochen sind (sehr) leicht.
d) Die Vögel besitzen keine Zähne.
e) Sie legen Eier.
f) Am größten sind Strauße, am kleinsten sind Kolibris.
g) Man nennt sie Zugvögel.
h) Diese Vögel bleiben das ganze Jahr im selben Gebiet.
i) Nach dem Schlüpfen aus den Eiern bleiben die Vögel noch länger in den Nestern.
j) Die jungen Vögel verlassen nach dem Schlüpfen aus den Eiern schon (sehr) früh die Nester.

Vögel - Spatzen und Störche

Aufgabe 1:

Spatzen	Störche
• häufigste Vögel in Deutschland • Standvögel (= bleiben auch im Winter hier) • fressen Körner, Samen, Brotkrümel, Insekten... • sind kleine Vögel • Nester an Häusern, Ställen, in Hecken • gelten als niedlich, jedoch frech • Anzahl in Deutschland rückläufig (da in der Natur weniger Nahrung und weniger Gelegenheiten zum Nisten)	• viel weniger in Deutschland • Zugvögel (ziehen nach Afrika im Winter) • fressen Frösche, Mäuse, Raupen, Regenwürmer ... • sind große Vögel • Nester auf Schornsteinen, Türmen, Masten • gelten als „Klapperstörche", die Babys bringen • Anzahl in Deutschland rückläufig (da in der Natur weniger Nahrung und weniger Gelegenheiten zum Nisten)

EINFACH BIOLOGIE
Elementares Wissen in einfacher Sprache leicht und verständlich erklärt (Band 1) – Bestell-Nr. 12 177

Lösungen

3

<u>**Kriechtiere**</u>

Aufgabe 1:

a) Sie kriechen über den Boden.
b) Man nennt sie auch Reptilien.
c) Schildkröten, Krokodile, Echsen, Schlangen
d) Sie haben keine Beine mehr.
e) Sie haben kurze Beine.
f) Sie leben in warmen oder heißen Ländern.
g) Es gibt z.B. Zauneidechsen, Kreuzottern, Ringelnattern, Blindschleichen, Schildkröten ...
h) Sie benötigen Wärme/Sonnenlicht.
i) Das liegt am Klima. In Deutschland ist es im Jahresdurchschnitt zu kalt.
j) Sie schlüpfen aus Eiern.

<u>**Kriechtiere - Kreuzotter**</u>

Aufgabe 1: Lösungswort: **SCHLANGEN**

Aufgabe 2:

1. in Deutschland selten in der Natur zu sehen
3. etwa 70 cm bis 1 m lang
6. Kreuzottern gehören zu den Giftschlangen
9. Nach einem Biss sollte man einen Arzt aufsuchen

TEST 5

1. Auf der Erde gibt es viel mehr wirbellose Tiere als Wirbeltiere.
2. Die Wirbeltiere lassen sich aufteilen in fünf Klassen.
3. Nach der Geburt bekommen junge Säugetiere von ihrer Mutter Milch.
4. Manche Säugetiere leben nicht auf dem Land, sondern im Wasser.
5. Zu den Meeressäugetieren gehören Wale, Delphine und Robben.
6. Igel, Fledermäuse, Hamster ... schlafen im Winter.
7. Eichhörnchen, Dachse, Bären ... halten Winterruhe.
8. Die allermeisten Säugetiere besitzen ein dichtes Fell und/oder Haare.
9. Weibliche Schnabeltiere und Ameisenigel sind die einzigen Säugetiere, die Eier legen.
10. Diese beiden Tierarten leben in Australien in der Natur.
11. Die meisten Vögel können fliegen.
12. Nicht fliegen können z.B. die Pinguine, Strauße oder Kiwis.
13. Alle Vögel haben Federn, zwei Flügel und einen Schnabel.
14. Die Knochen der Vögel sind sehr leicht.
15. Strauße sind die größten lebenden Vögel.
16. Zugvögel fliegen im Spätsommer oder Herbst in wärmere Gebiete.
17. Standvögel bleiben das ganze Jahr im selben Gebiet.
18. Nesthocker sind Vögel, die nach dem Schlüpfen aus den Eiern noch länger im Nest bleiben.
19. Kriechtiere nennt man auch Reptilien.
20. Zu den Kriechtieren gehören u.a. Krokodile, Schlangen und Schildkröten.
21. Schlangen besitzen keine Beine.
22. Der Lebensraum der meisten Kriechtiere liegt in warmen oder heißen Gebieten.
23. In Deutschland leben nur relativ wenige Arten von Kriechtieren.
24. Viele Kriechtiere haben eine dicke Haut.
25. Junge Kriechtiere gehen aus Eiern hervor.

TEST 6 **1. bis 4.** Individuelle Lösungen

<u>**Amphibien**</u>

Aufgabe 1:

Die allermeisten Lurche sind kleine Lebewesen. Ihre Haut ist nackt und <u>schleimig</u>. Die jungen Lurche leben vorwiegend im Wasser. Sie atmen durch <u>Kiemen</u>. Die erwachsenen Lurche atmen in der Regel durch Lungen und durch die <u>Haut</u>. Der Lebensraum der meisten erwachsenen Lurche liegt am Wasser oder in feuchten <u>Gebieten</u>.

Zu den Lurchen gehören Frösche, <u>Kröten</u>, Feuersalamander, Molche, Olme... Am bekanntesten dürften die Frösche sein. Die jungen Frösche heißen <u>Kaulquappen</u>. In Deutschland leben nur relativ wenige Arten der Lurche. Auch die Lurche sind <u>wechselwarme</u> Tiere. Im Winter befinden sich die Lurche in Deutschland in <u>Winterstarre</u>. Sie wirken wie tot. Überleben die Lurche den Winter, dann werden sie im Frühling bei <u>Wärme</u> wieder aktiv.

Die Amphibien werden auch als <u>Lurche</u> bezeichnet. Das Wort „Amphib" kommt aus der griechischen Sprache. Es bedeutet so viel wie „zweifaches Leben".

Aufgabe 2:

Aus der griechischen Sprache übersetzt heißt das Wort Amphibien „zweifaches Leben". Die Amphibien (= Lurche) leben als Larven im Wasser und später auf dem Land, also in zwei Lebensräumen.

Aufgabe 3:

Ihre Haut ist feucht und schleimig. Sie dient der Atmung. Direkte Sonneneinstrahlung würde die Haut austrocknen. Das überleben Amphibien nicht. Sie müssen ihre Haut ständig feucht und kühl halten.

<u>**Amphibien - Kröten**</u>

Aufgabe 1: Individuelle Lösungen

KOHL VERLAG
EINFACH BIOLOGIE
Elementares Wissen in einfacher Sprache leicht und verständlich erklärt (Band 1) – Bestell-Nr. 12 177

Lösungen

3

Fische

Aufgabe 1:

a) Fische waren die ersten Wirbeltiere auf der Erde.
b) Aus dem Wasser nehmen die Fische Sauerstoff auf.
c) Fast alle Fische können nicht außerhalb des Wassers überleben.
d) Die Lungenfische können auch außerhalb des Wassers eine Weile überleben.
e) Mit Flossen bewegen sich die Fische im Wasser fort.
f) Knochenfische besitzen Knochen, Knorpelfische besitzen Knorpel.
g) Schleim liegt auf der Oberfläche der Fische.
h) Die Körpertemperatur der Fische ist abhängig von der Umgebung.
i) Walhaie sind die größten Fische.
j) Aus Eiern entstehen junge Fische.

Aufgabe 2: Individuelle Lösungen, wie z.B.:
Es gibt Raubfische und Friedfische. Raubfische fressen andere Fische. Friedfische ernähren sich von Pflanzen und Plankton.

Fische - Aale

Aufgabe 1:

	Richtig	Falsch
Aale haben im Aussehen eine Ähnlichkeit mit Schlangen.	X	
Die Aale gehören zu den Friedfischen.		X
In Flüssen befindet sich Salzwasser, in Meeren Süßwasser.		X
Europäische Aale paaren sich im der Sargasso-See.	X	
Ältere Aale nennt man Glasaale.		X

Aufgabe 2: Verbesserung der falschen Sätze:

2. Die Aale gehören zu den Raubfischen.
3. In Flüssen befindet sich Süßwasser, in Meeren aber Salzwasser.
6. Junge Aale nennt man Glasaale.

Wirbellose Tiere

Aufgabe 1: Lösungswort: **DORNFINGER**

Wirbellose Tiere - Bienen

Aufgabe 1-3: Individuelle Lösungen

Wirbellose Tiere - Spinnen

Aufgabe 1: Spinnen besitzen 8 Beine und haben keine Flügel oder Fühler. Der Körper der Spinnen bestsht aus einem Kopf-Brustteil, sowie einem Hinterteil. Insekten haben 6 Beine, zumeist Flügel und Fühler. Der Körper ist in Kopf, Brust und Hinterteil getrennt.

Aufgabe 2: Alle Spinnen sind giftig, aber nur wenige für den Menschen gefährlich.

Aufgabe 3: individuelle lösungen

Wirbellose Tiere - Schnecken

Aufgabe 1: individuelle Lösungen

Aufgabe 2: Zwitter haben weibliche und männliche Geschlechtsmerkmale/Geschlechtsorgane.

Tiere - ordne richtig zu!

Aufgabe 1:

Säugetiere	Vögel	Kriechtiere	Lurche	Fische	Wirbellose Tiere
• Junge Tiere trinken Milch. • Einige haben Haare, andere ein Fell. • Hierzu gehört auch der Mensch.	• Die meisten können fliegen. • Alle weiblichen Tiere legen Eier. • Sie haben Federn und einen Schnabel.	• Sie bewegen sich dicht über dem Boden. • Die meisten Tiere leben in warmen Ländern. • Man bezeichnet sie auch als Reptilien.	• Junge Tiere leben im Wasser. • Ältere Tiere leben am Wasser. • Man nennt sie auch Amphibien.	• Sie schwimmen im Wasser. • Die Tiere atmen durch Kiemen. • Die Tiere haben Flossen.	• Sie haben keine Wirbelsäule. • Die meisten Tiere haben ein Außenskelett. • Ganz viele Tiere sind sehr klein.

Aufgabe 2: Fledermäuse und Schnabeltiere sind Säugetiere. Die zeigen aber untypisches Verhalten. Fledermäuse können fliegen, Schnabeltiere legen Eier.

EINFACH BIOLOGIE
Elementares Wissen in einfacher Sprache leicht und verständlich erklärt (Band 1) – Bestell-Nr. 12 177

Lösungen

3 **Die Bedeutung und der Schutz der Tiere**

Aufgabe 1:

a) Für die Menschen sind Tiere ganz wichtig.

Tiere:
- bieten Nahrung (Milch, Eier, Honig…);
- liefern Wolle, Federn;
- tragen oder ziehen Lasten;
- halten Wache oder finden verschüttete Menschen;
- bereiten Menschen Freude;

b) Die Menschen sollten Tiere:
- schützen;
- ihnen genug Futter geben;
- richtig unterbringen;
- pflegen;
- ihnen Platz zum Auslauf geben;

c) Du solltest Tiere:
- mögen; tierlieb sein; Verständnis für Tiere haben; dich um Tiere kümmern;

TEST 7

1. Ein anderes Wort für Lurche heißt Amphibien.
2. Die bekanntesten Lurche in Deutschland sind die Frösche.
3. Die Haut der Lurche ist nackt und schleimig.
4. Junge Lurche leben überwiegend im Wasser und atmen durch Kiemen.
5. Die meisten erwachsenen Lurche leben am Wasser, sie atmen durch die Lunge und die Haut.
6. In Deutschland befinden sich die Lurche im Winter in Winterstarre.
7. Das heißt: Die Lurche wirken wie tot.
8. Auf der Erde waren Fische die ersten Wirbeltiere.
9. Fische atmen durch Kiemen, sie nehmen Sauerstoff aus dem Wasser auf.
10. Am Körper der Fische befinden sich Flossen.
11. Die Fische kann man unterteilen in Knorpelfische und Knochenfische.
12. Walhaie sind die größten lebenden Fische.
13. An der Oberfläche ihres Körpers haben Fische ein dünne Schicht aus Schleim.
14. Die Körpertemperatur der Fische passt sich an die Umgebung an.
15. Wirbellose Tiere waren die ersten Tiere auf der Erde.
16. Sehr viele wirbellose Tiere sind ganz klein.
17. Riesenkalmare sind die größten wirbellosen Tiere.
18. Wirbellose Tiere besitzen keine Knochen und keinen Knorpel.
19. Viele wirbellose Tiere haben aber zum Schutz ein Außenskelett.
20. Bei Insekten (z.B. Bienen) besteht dieses aus Chitin (= ein harter Stoff aus Eiweiß).
21. Für die Menschen sind Tiere sehr wichtig.
22. Tiere geben oder bieten den Menschen z.B. Nahrung.
23. Wer Tiere hält, muss sich um sie kümmern.
24. Bereite Tieren keine Schmerzen, quäle sie nicht.
25. So manche Tierarten sind vom Aussterben bedroht.

TEST 8

1. bis 4. Individuelle Lösungen

4 **Was Pflanzen können**

Aufgabe 1:

a) Sie wachsen im Wasser oder auf dem Land.
b) Sie bestehen aus ganz vielen kleinen Zellen.
c) Sie ernähren sich selbst.
d) Sie holen Nährstoffe und Wasser aus dem Boden.
e) Aus der Luft nehmen die Pflanzen Kohlenstoffdioxid (CO_2) auf.
f) Kohlenstoffdioxid ist für die Menschen und Tiere schädlich.
g) Die Pflanzen stellen daraus Sauerstoff und Zucker her.
h) Die Pflanzen brauchen dafür Sonnenlicht.
i) Die Menschen und Tiere brauchen Sauerstoff.
j) Es gäbe auf der Erde nicht genug Sauerstoff.

Aufgabe 2:

Auch die Pflanzen sind Lebewesen. Sie tun ganz viele Dinge: Pflanzen nehmen Kohlenstoffdioxid auf. Sie stellen Sauerstoff her. Diesen Vorgang nennt man Fotosynthese. Pflanzen (z.B. Kartoffeln und Reis) geben den Menschen Essen. Aus Pflanzen lassen sich Getränke (Säfte) gewinnen. Pflanzen liefern Medizin (Medikamente). Man kann aus Pflanzen (z.B. Baumwolle) Kleidung machen. Pflanzen (z.B. Blumen) können schöne Geschenke sein. Durch Pflanzen wird die Umgebung schöner. Pflanzen helfen den Menschen, sich zu erholen. Für Erfindungen (z.B. der Klettverschluss an der Kleidung) sind Pflanzen ein Vorbild. Die Menschen brauchen Pflanzen. Du solltest, ja musst Pflanzen schützen.

Aufgabe 3: Lösungswort: **PALME**

Aufgabe 4: Individuelle Lösungen, z.B.

Essen - Kartoffel, Getränke - Waldmeister, Kleidung - Baumwolle, Medikamente - Sonnenhut, Tierfutter - Mais, Werkzeug - Esche, u.v.m.

EINFACH BIOLOGIE
Elementares Wissen in einfacher Sprache leicht und verständlich erklärt (Band 1) – Bestell-Nr. 12 177

Lösungen

4

Die Aufteilung der Pflanzen

Aufgabe 1:

a) Sie lassen sich in Algen, Moose, Farne und Samenpflanzen aufteilen.
b) Algen leben im Wasser oder in feuchten Gebieten.
c) Es gibt z.B. Grünalgen, Braunalgen, Rotalgen.
d) Sie wachen an Bäumen und auf Dächern von Häusern an dunkeln, feuchten Stellen.
e) Moosen fehlen Blüten und Wurzeln.
f) Man findet sie vor allem in Wäldern, im Schatten von Bäumen
g) Wurzeln, Stängel, Blätter
h) Sie haben keine Blüten.
i) Baumfarne leben vor allem in Australien und Neuseeland.
j) Die Kategorie der Samenpflanzen ist die größte Pflanzengruppe.
k) Samenpflanzen haben Wurzeln, Stängel, Blätter und Blüten.
l) Die Samen entstehen in den Blüten.
m) Samen wachsen zumeist in den Früchten heran.
n) z.B. Äpfel, Kirschen, Tomaten, Trauben, Erdbeeren ...
o) Im Boden wachsen daraus neue Samenpflanzen.

Verschiedene Teile der Samenpflanzen

Aufgabe 1:

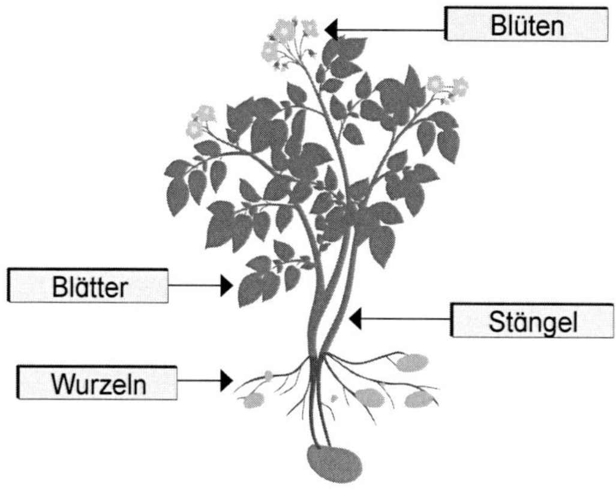

Aufgabe 2: Die Wurzeln nehmen Wasser und Nährstoffe auf, halten die Pflanze im Boden fest.
Die Blüten bilden Früchte und Samen.
Die Blätter führen die Fotosynthese durch, regeln die Abgabe von Wasser.
Die Stängel leiten Wasser und Nährstoffe weiter.

Aufgabe 3: Kartoffeln sind Knollen der Wurzeln, keine Früchte.

TEST 9

1. Auch Pflanzen sind Lebewesen, genauso wie Tiere oder Pilze.
2. Sie leben, wachsen, pflanzen sich fort und sterben.
3. Pflanzen gab es viel früher auf der Erde als Tiere und Menschen.
4. Auf dem Land und im Wasser wachsen und leben die Pflanzen.
5. Ebenfalls bestehen die Pflanzen aus ganz vielen sehr kleinen Zellen.
6. Aus der Luft nehmen die Pflanzen Kohlenstoffdioxid (CO_2) auf.
7. Aus Kohlenstoffdioxid (CO_2) und Wasser (H_2O) stellen die Pflanzen Sauerstoff (O_2) und Zucker ($C_6H_{12}O_6$) her.
8. Für diesen Vorgang brauchen die Pflanzen Sonnenlicht.
9. Der ganze Vorgang heißt Fotosynthese.
10. Ohne Pflanzen gäbe es nicht genug Sauerstoff (O_2) auf der Erde.
11. Pflanzen können noch viele weitere Dinge. Aus Pflanzen lassen sich Essen, Getränke, Medizin und Kleidung machen.
12. Auch sind Pflanzen schöne Geschenke und verschönern die Umgebung.
13. Die Pflanzen helfen den Menschen, sich von Stress und Krankheit zu erholen.
14. Im Weiteren sind die Pflanzen ein Vorbild für Erfindungen (Bionik).
15. Aufteilen lassen sich die Pflanzen in Algen, Moose, Farne und Samenpflanzen.
16. Moose haben keine Wurzeln und keine Blüten.
17. Farne besitzen keine Blüten, haben aber Wurzeln und Blätter.
18. Algen leben im Wasser und in feuchten Gebieten.
19. Die meisten Arten von Pflanzen sind Samenpflanzen.
20. Diese Pflanzen besitzen Wurzeln, Stängel, Blätter und Blüten.
21. Samen wachsen meistens in den Früchten heran.
22. Zwei Beispiele für Früchte sind Äpfel und Kirschen.
23. Aus Samen entstehen im Boden neue Samenpflanzen.

TEST 10 **1. bis 4.** Individuelle Lösungen

EINFACH BIOLOGIE
Elementares Wissen in einfacher Sprache leicht und verständlich erklärt (Band 1) – Bestell-Nr. 12 177

Lösungen

4 **Die geschlechtliche Fortpflanzung bei Samenpflanzen**

Aufgabe 1:

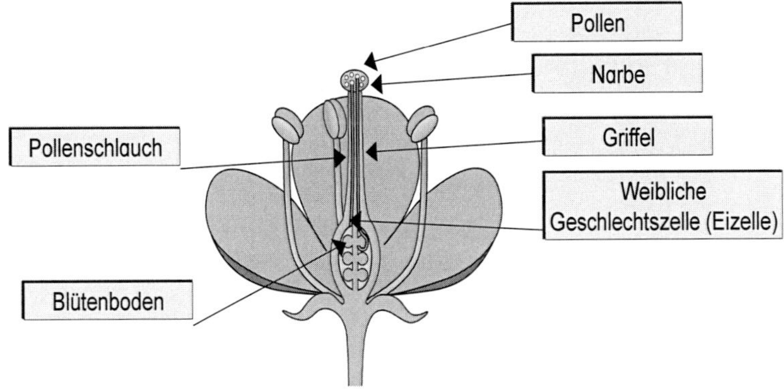

Aufgabe 2:

a) Sie bringen Pollen auf die Blüten anderer Pflanzen.
b) In den Pollen befinden sich männliche Geschlechtszellen.
c) Der Pollenschlauch wächst von der Narbe durch den Griffel zu einer weiblichen Geschlechtszelle.
d) Die männliche Geschlechtszelle kommt durch den Pollenschlauch zu der weiblichen Geschlechtszelle.
e) Beide Geschlechtszellen verbinden sich miteinander.
f) Aus der Verbindung der beiden Geschlechtszellen wird ein Samen.
g) Eine neue Samenpflanze wächst im Boden heran.
h) Ich brauche etwas Ackerboden, Sonnenlicht und Wasser. In die Erde drücke ich kleine Löcher. Darin stecke ich die Samen der Karotten. Nun muss ich regelmäßig Wasser darüber gießen und geduldig sein.

Blumen

Aufgabe 1: Durch Blumen kannst du dein Empfinden für andere Personen ausdrücken. Du kannst damit aussagen: Du magst eine andere Person sehr.

Aufgabe 2:

Blumen - Krokusse

Aufgabe 1: Krokusse gehören zu den Frühblühern. Die Krokusse gelten als die Boten des Frühlings. Jede Blüte hat 6 farbige Blütenblätter. Sonst besitzen die Krokusse noch schmale, grüne Blätter. Sie wachsen aus ihren Zwiebeln im Boden empor.

Aufgabe 2:

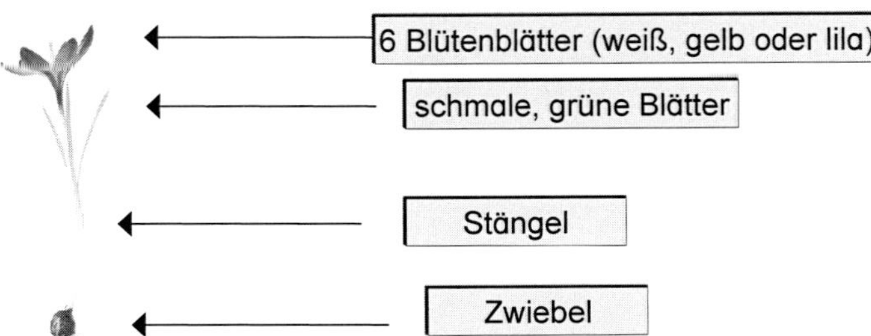

EINFACH BIOLOGIE
Elementares Wissen in einfacher Sprache leicht und verständlich erklärt (Band 1) – Bestell-Nr. 12 177

Lösungen

4

Getreide

Aufgabe 1:

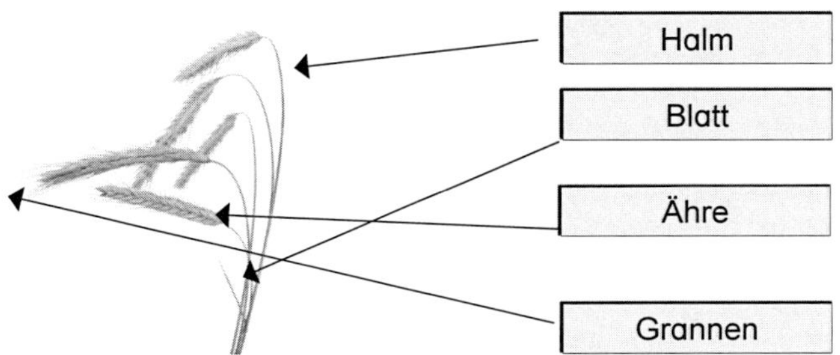

Aufgabe 2:

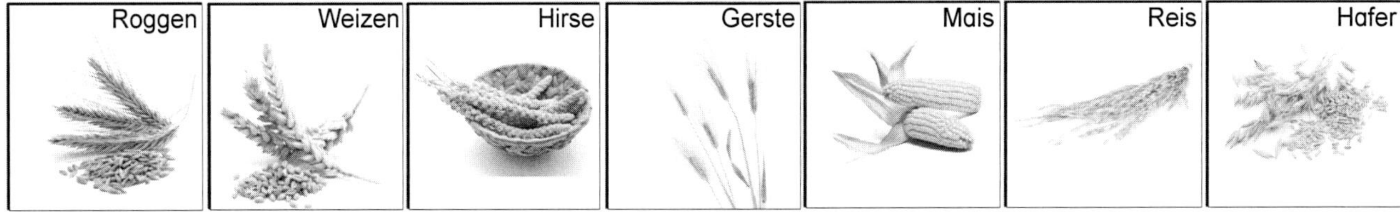

Aufgabe 3:

a) Getreide sind Kulturpflanzen wie Weizen, Roggen, Gerste, Hafer, Mais ...
b) Getreide lässt sich benutzen zur Herstellung von Mehl, Cornflakes, Bier, Tierfutter ...

Aufgabe 4:

a) Mehr als die Hälfte aller Nahrungsmittel stellt man aus Getreide her.
b) Getreide enthält unter anderem Kohlenhydrate, Eiweiße, Fettsäuren, Vitamine und Mineralstoffe.
c) Zwischen Sommergetreide und Wintergetreide lässt sich unterscheiden.
d) Landwirte säen die Körner von Sommergetreide im Frühjahr aus.
e) Im nachfolgenden Sommer ernten die Landwirte das gewachsene Sommergetreide.
f) Bei Wintergetreide erfolgt die Aussaat im Herbst.
g) Die Ernte geschieht im nächsten Jahr im Sommer.
h) Es gibt Winterweizen und Sommerweizen, Winterroggen und Sommerroggen, Wintergerste sowie Sommergerste.
i) Nur Sommerhafer existiert bei Hafer.
j) Wintergetreide erbringt aufgrund längeren Wachstums, durch mehr Feuchtigkeit und mehr Frühlingswärme gewöhnlich (viel) höhere Erträge als Sommergetreide.

Bäume

Aufgabe 1:

Bäume sind sehr große Pflanzen. Diese Pflanzen können sehr alt werden. Man unterscheidet Laubbäume und Nadelbäume. Laubbäume haben Blätter, Nadelbäume nicht. Zu den Laubbäumen gehören Buchen, Eichen, Kastanien, Linden, Birken ... Im Frühjahr bekommen die Laubbäume neue Blätter. Laubbäume verlieren im Herbst ihre Blätter (= Laub). Nadelbäume besitzen Nadeln. Nadelbäume sind Tannen, Kiefern, Fichten, Lärchen oder Eiben. Die allermeisten Nadelbäume behalten im ganzen Jahr ihre Nadeln. Nur die Lärchen werfen im Winter ihre Nadeln ab.

Aufgabe 2: Lösungswort: **MAMMUTBAUM**

Bäume - Laubbäume und Nadelbäume

Aufgabe 1:

Aufgabe 2:

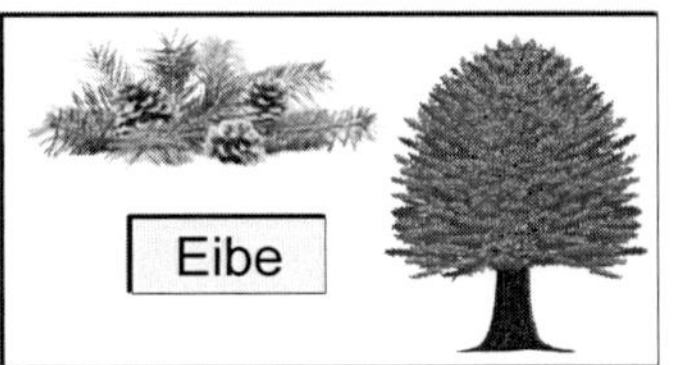

Aufgabe 3 und 4: 1. – f); 2. – c); 3. – i); 4. – a); 5. – j); 6. – b); 7. – h); 8. – d); 9. – g); 10. – e)

EINFACH BIOLOGIE
Elementares Wissen in einfacher Sprache leicht und verständlich erklärt (Band 1) – Bestell-Nr. 12 177
KOHL VERLAG

Lösungen

4

Warum verlieren Laubbäume im Herbst ihre Blätter, die allermeisten Nadelbäume ihre Nadeln aber nicht?

Aufgabe 1:

		Richtig	Falsch
1	Nadelbäume geben mehr Wasser ab als Laubbäume.		X
2	Bäume benötigen auch im Winter Wasser.	X	
3	Die Laubbäume machen im Herbst ihre Öffnungen nach draußen zu.	X	
4	Die Blätter haben im Winter und Herbst genug Wasser zum Leben.		X
5	Die Nadeln der Nadelbäume sind viel kleiner als die Blätter der Laubbäume.	X	
6	Nadelbäumen fehlt eine Schicht aus Wachs und Harz.		X
7	Bei Nadelbäumen verdunstet mehr Wasser als bei Laubbäumen.		X
8	Die Nadelbäume haben auch im Winter grüne Nadeln.	X	

Aufgabe 2:
Zu 1) Laubbäume geben mehr Wasser ab als Nadelbäume.
Zu 4) Die Blätter haben im Winter und Herbst nicht genug Wasser zum Leben.
Zu 6) Nadelbäume besitzen eine Schicht aus Wachs und Harz.
Zu 7) Bei Laubbäumen verdunstet mehr Wasser als bei Nadelbäumen.

Wälder

Aufgabe 1:
- **a)** In Wäldern gibt es ganz viele Bäume.
- **b)** Durch die Natur sind Urwälder entstanden.
- **c)** Tropische Regenwälder kommen vor allem am und in der Nähe des Äquators vor.
- **d)** In tropischen Regenwäldern wachsen die meisten Pflanzen auf der Erde.
- **e)** Durch Rodung zerstören die Menschen seit Jahren immer mehr Wälder.
- **f)** Besonders wichtig an Wäldern ist es: Sie nehmen das schädliche Gas Kohlenstoffdioxid aus der Luft auf und setzen es um.

Aufgabe 2:
- **a)** Laubbäume sind: Eichen, Birken, Kastanien, Linden, Ahorn u.v.m.
- **b)** Nadelbäume sind: Tannen, Kiefern, Fichten, Lärchen, Eiben
- **c)** In Mischwäldern wachsen Laubbäume und Nadelbäume gemeinsam.
- **d)** Es leben mehr Pflanzen und Tiere in Mischwäldern als in nur Laubwäldern oder Nadelwäldern.
- **e)** Bäume und Wälder geben oder bieten auch: Holz, Schutz, angenehmes Klima und Erholdung.

Aufgabe 3: Individuelle Lösungen

TEST 11
1. Tiere, Wasser oder Wind bringen Pollen auf die Narben von Blüten.
2. Ein anderes Wort für Pollen ist Blütenstaub.
3. In den Pollen befinden sich männliche Geschlechtszellen.
4. Durch Pollenschläuche kommen männliche Geschlechtszellen zu den weiblichen.
5. Bei der Befruchtung verbindet sich eine männliche mit einer weiblichen Zelle.
6. Nach der Befruchtung entsteht ein Samen.
7. Blumen sind schön blühende Pflanzen.
8. Sie haben eine oder mehrere Blüten.
9. Im Frühling blühen z.B. die Maiglöckchen, im Sommer die Sonnenblumen, im Herbst die Astern, im Winter die Christrosen.
10. Als Königin der Blumen gilt die Rose.
11. Getreide ernährt Menschen und Tiere.
12. Es ist z.B. enthalten im Brot.
13. Landwirte in Deutschland bauen diese Getreide an: Roggen, Weizen, Gerste, Hafer, Mais.
14. Zwei weitere Getreide heißen Reis und Hirse.
15. Bäume sind große Pflanzen.
16. Sie können sehr alt werden.
17. Drei Beispiele für Laubbäume sind: Buchen, Kastanien, Linden.
18. Drei Beispiele für Nadelbäume sind: Tannen, Kiefern, Fichten.
19. Die Laubbäume verlieren im Herbst ihre Blätter.
20. Fast alle Nadelbäume behalten das ganze Jahr ihre Nadeln.
21. Die Laubbäume geben mehr Wasser als die Nadelbäume.
22. Die meisten Pflanzen gibt es in den tropischen Regenwäldern.
23. In Deutschland lassen sich diese drei Arten von Wäldern unterscheiden: Laubwälder, Nadelwälder und Mischwälder
24. Bäume und Wälder geben Menschen u.a. Holz.
25. Auch sorgen Bäume und Wälder für ein angenehmes Klima und Erholung.

TEST 12 **1. bis 4.** Individuelle Lösungen

5

Aufgabe 1: Zwar sind sowohl Pilze als auch Pflanzen unbeweglich, aber sie unterscheiden sich doch in grundlegenden Eigenschaften. So können Pflanzen Fotosynthese betreiben und sich dadurch selbst ernähren. Pilze müssen Nahrung von außen aufnehmen.

Zusatz:

a) HUT	**b)** HEFEPILZ	**c)** CHAMPIGNON
d) MEDIZIN	**e)** TÖDLICH	**f)** FEUER
g) PSYCHOAKTIV	**h)** SCHIMMELPILZ	**i)** BIER

Lösungswort: **H A E U B L I N G E**

KOHL VERLAG
EINFACH BIOLOGIE
Elementares Wissen in einfacher Sprache leicht und verständlich erklärt (Band 1) – Bestell-Nr. 12 177

Bildquellennachweis

Titelbild © Paulista - AdobeStock.com; **Seite 4** © Mopic - AdobeStock.com; **Seite 5** © Paulista - AdobeStock.com; © lily - AdobeStock.com; © ktsdesign - AdobeStock.com; **Seite 7+76** © ag visuell - AdobeStock.com; **Seite 8** © Sebastian Kaulitzki - AdobeStock.com; **Seite 9+77** © raven - AdobeStock.com, © lovemask - AdobeStock.com, © lineartestpilot - AdobeStock.com, © Prawny - AdobeStock.com, © Anna Ismagilova - AdobeStock.com; **Seite 10** © rufar - AdobeStock.com; **Seite 11** © Nobilior - AdobeStock.com; **Seite 12** © Peter Hermes Furian - AdobeStock.com; **Seite 14** © bilderzwerg - AdobeStock.com; **Seite 15** © La Gorda - AdobeStock.com; **Seite 18+19** © bilderzwerg - AdobeStock.com; **Seite 19** © rufar - AdobeStock.com; **Seite 20** © Avanne Troar - AdobeStock.com; **Seite 21+78** © PrettyVectors - AdobeStock.com; **Seite 26** © PixelPower - AdobeStock.com; **Seite 27, 79** © JackF - AdobeStock.com, © aussieanouk - AdobeStock.com, © Richard Hadfield - AdobeStock.com, © Steve Byland - AdobeStock.com, © wyssu - AdobeStock.com, © Eva Dorsch - AdobeStock.com, © Dmitry Chulov - AdobeStock.com, © eAlisa - AdobeStock.com, © claudia Otte - AdobeStock.com, © julianwphoto - AdobeStock.com, © leungchopan - AdobeStock.com, © mzphoto11 - AdobeStock.com, © diter - AdobeStock.com, © seread - AdobeStock.com, © ondrejprosicky - AdobeStock.com, © Werner Schwehm - AdobeStock.com; © byrdyak - AdobeStock.com, © 79°N - AdobeStock.com, © Christian Musat - AdobeStock.com, © Catmando - AdobeStock.com, © PIXATERRA - AdobeStock.com, © HansJrg - AdobeStock.com, © radub85 - AdobeStock.com, © daphot75 - AdobeStock.com, © Dr. Jürgen Tenckhoff - AdobeStock.com, © AnnKathrin - AdobeStock.com, © dieter76 - AdobeStock.com, © daskleine-atelier - AdobeStock.com; **Seite 28** © Ramona Kaulitzki - AdobeStock.com; **Seite 29** © anankkml - AdobeStock.com; **Seite 30** © Carola Schubbel - AdobeStock.com; **Seite 31** © Catmando - AdobeStock.com; **Seite 32** © pixelcaos - AdobeStock.com; **Seite 33** © cynoclub - AdobeStock.com; **Seite 34** © Anatolii - AdobeStock.com, © dule964 - AdobeStock.com; **Seite 35** © hadoka68163 - AdobeStock.com; **Seite 36** © petra b. - AdobeStock.com; **Seite 39** © Karin Jähne - AdobeStock.com; **Seite 40** © MP2 - AdobeStock.com, © emer - AdobeStock.com; **Seite 41** © Andrey Burmakin - AdobeStock.com; **Seite 42** © Laure F - AdobeStock.com; **Seite 43** © Rainer Fuhrmann - AdobeStock.com; **Seite 44** © guy - AdobeStock.com; **Seite 45** © andrewburgess - AdobeStock.com, © fivespots - AdobeStock.com; **Seite 46** © volkerladwig - AdobeStock.com; **Seite 47** © otsphoto - AdobeStock.com; **Seite 48** © artvandalay - AdobeStock.com, © Clipart.com; **Seite 51** © designua - AdobeStock.com; **Seite 52** © Alexander Morozov - AdobeStock.com; **Seite 53** © Harald Biebel - AdobeStock.com, © mimadeo - AdobeStock.com, © Arcady - AdobeStock.com, © Kazakova Maryia - AdobeStock.com; **Seite 55+84** © Kazakova Maryia - AdobeStock.com; **Seite 58+85** © Dreamy Girl - AdobeStock.com; **Seite 59** © gotoole - AdobeStock.com, © Visions-AD - AdobeStock.com; **Seite 60+85** © Tim UR - AdobeStock.com, © hcast - AdobeStock.com, © Dionisvera - AdobeStock.com, © Bjoern Wylezisch - AdobeStock.com, © Scisetti Alfio - AdobeStock.com, © ksena32 - AdobeStock.com; **Seite 61+85** © BotMag2(45)_wikipedia.de, © A_Bruno - AdobeStock.com; **Seite 62+86** © emuck - AdobeStock.com, © Harald Biebel - AdobeStock.com; **Seite 63+86** © Christian Jung - AdobeStock.com (2x), © UMA - AdobeStock.com, © graefin75 - AdobeStock.com, © photocrew - AdobeStock.com (2x), © evegenesis - AdobeStock.com; **Seite 64** © photocrew - AdobeStock.com; **Seite 65** © Ekaterina Elagina - AdobeStock.com; **Seite 66+86** © Scisetti Alfio - AdobeStock.com, © Wolfilser - AdobeStock.com, © Dionisvera - AdobeStock.com, © margo555 - AdobeStock.com, © eyetronic - AdobeStock.com, © Zerbor - AdobeStock.com, © Fotoschlick - AdobeStock.com, © by-studio - AdobeStock.com, © Zerbor - AdobeStock.com (2x), © Fantasista - AdobeStock.com, © Maslov Dmitry - AdobeStock.com, © IreneuszB - AdobeStock.com, © M. Schuppich - AdobeStock.com, © ExQuisine - AdobeStock.com, © Fotoschlick - AdobeStock.com, © Smileus - AdobeStock.com, © Zerbor - AdobeStock.com, © Alexander Potapov - AdobeStock.com, © tuleedin - AdobeStock.com; **Seite 68** © Smileus - AdobeStock.com; **Seite 69** © dieter76 - AdobeStock.com; **Seite 70** © Inga Nielsen - AdobeStock.com, © Lukasz Janyst - AdobeStock.com; **Seite 73** © creatix0470 - AdobeStock.com, © Ingo Bartussek - AdobeStock.com, © vitals - AdobeStock.com, © Björn Wylezich - AdobeStock.com; **Seite 74** © clipart.com, © Thomas Brandt - AdobeStock.com;

EINFACH BIOLOGIE
Elementares Wissen in einfacher Sprache leicht und verständlich erklärt (Band 1) – Bestell-Nr. 12 177